# SHAIVISMO DE CACHEMIRA

## EL SUPREMO SECRETO

# SHAIVISMO DE CACHEMIRA

## EL SUPREMO SECRETO

Revelado por
Swami Lakshmanjoo

Edición original por John Hughes

Traducido por Federico Oliveri

Edición bajo licencia de: Lakshmanjoo Academy
www.lakshmanjooacademy.org



Traducción de: Federico Oliveri.



Diseño de tapa: Federico Oliveri
Fotografías: Lakshmanjoo Academy

1985 Primera edición (inglés) bajo el título
*Kashmir Shaivism. The Secret Supreme*
1988 Segunda edición (inglés) revisada
2000 Tercera edición (inglés) revisada
2003 Cuarta edición (inglés) revisada
2016 Primera edición (castellano)

Lakshmanjoo Academy
ISBN 978-0-9966365-8-2

## El libro

Este libro, *Shaivismo de Cachemira: el Supremo secreto*, por el gran santo filósofo del siglo XX Swami Lakshmanjoo, presenta un desarrollo sistemático de las enseñanzas tántricas de la antigua tradición del Shaivismo de Cachemira. Esta profunda tradición, siempre mantenida en secreto, es tan rica y detallada en sus descripciones de lo que revela como el ascenso de la conciencia individual a la Conciencia universal de Dios, que ha sido caracterizada como una geografía mística de la conciencia. En las páginas de este libro se encuentra la clave de la tradición oral, que devela sus secretos y proporciona al lector las herramientas necesarias para incursionar en este maravilloso paisaje.

## Guía para la pronunciación del sánscrito transliterado

Esta lista de palabras es una referencia para pronunciar el sánscrito transliterado de manera aproximada.

| | | | |
|---|---|---|---|
| | | *o* | rosa |
| *a* | mesa | *au* | causa |
| *ā* | par *(duración doble)* | *k* | cada |
| *i* | patio | *g* | gato |
| *ī* | frío *(duración doble)* | *ṅ* | tengo |
| *u* | jugo | *c* | chino |
| *ū* | uno *(duración doble)* | *j* | adyacente |
| *ṛ* | florido | *ñ* | caña |
| *ṝ* | sonriente | *y* | i |
| *ḷ* | alrededor | *r* | para |
| *e* | mesa | *ś, ṣ* | show |
| *ai* | traiga | *h* | *(aspiración suave)* |

Cuando una consonante tiene una *h* después, como en:
*kh, gh, ch, jh, ṭh, ḍh, th, dh, ph, bh*
debe pronunciarse la consonante y luego aspirar suavemente.

Cuando una letra tiene un punto debajo, como en:
*ṛ, ṝ, ḷ, ṭh, ḍh, ṭa, ḍa, ṇa, ṣa*
debe pronunciarse con la lengua curvada hacia arriba.

Cuando una palabra termina en *ḥ* debe aspirarse y repetirse suavemente la vocal anterior.

**Índice**

## Prólogo a la primera edición en castellano

Desde el siglo X hasta nuestros días, los textos que contienen el conocimiento del Shaivismo de Cachemira han recorrido un camino sumamente sinuoso, por decir poco. Es un milagro que podamos contar con ellos.

Más acá en el tiempo, ya en el siglo XX, algunas personas se han empeñado en destacar la riqueza filosófica de esta enseñanza, instruir a los buscadores y preservarla para las futuras generaciones.

Swami Lakshmanjoo fue el último eslabón de un linaje de maestros de Shaivismo de Cachemira que se remonta de manera ininterrumpida por siglos. Hasta ahora, sus enseñanzas no estaban publicadas en castellano. Gracias a John y Shanna Hughes, de Universal Shaiva Fellowship / Lakshmanjoo Academy, por hacer posible esta primera edición. Si contamos con las bendiciones necesarias, este será solo el primero de muchos textos revelados por Swamiji que serán publicados en nuestro idioma.

Federico Oliveri
2016

## Prefacio a la cuarta edición

*Shaivismo de Cachemira: el Supremo secreto* fue publicado por primera vez en 1985. En 1988 se realizó una segunda edición, en la que se corrigieron numerosos errores ortográficos e incongruencias de impresión presentes en la primera edición. En el 2000 se hizo la tercera edición, con una serie de correcciones y modificaciones en aras de una mayor claridad. Además se revisó la gramática y se añadió un extenso índice para facilitar la búsqueda de las referencias. El presente volumen es la cuarta edición y cuarta reimpresión. Se llevó a cabo una cuidadosa revisión, que resultó en unas pocas correcciones y aclaraciones.

John Hughes

## Introducción a la tercera edición

El 27 de septiembre de 1991, el santo plenamente realizado, amado maestro y guía espiritual Swami Lakshmanjoo partió de este mundo mortal. Como mencioné en mi introducción anterior a este presente volumen, era el ferviente deseo de Swamiji que las enseñanzas y el conocimiento del Shaivismo de Cachemira fueran preservados después de su partida de este mundo. Tuve la gran suerte de poder grabar en cinta de audio las profundas enseñanzas de esta tradición oral única, tal como estas enseñanzas fueron dadas por Swamiji a sus estudiantes en forma de clases y traducciones orales. El contenido de este presente volumen, *Shaivismo de Cachemira: el Supremo secreto* es la esencia de estas enseñanzas.

En 1985, cuando fue publicado *Shaivismo de Cachemira: el Supremo secreto*, Swamiji ya había traducido e iluminado, y yo había grabado, lo que él sentía que eran los textos más importantes del Shaivismo de Cachemira. Este tremendo trabajo que abarca casi quince años resultó en más de 450 horas de grabaciones. Esto incluye las traducciones y comentarios de los siguientes textos:

*Bhagavad Gītārthasamgraha*
*Bodhapañcadaśikā*
*Dehastadevatacakra Stotra*
*Janma Maraṇa Vicāra*
*Kuṇḍalinī Vijñāna Rahasyam*
*Paramarthasāraḥ*
*Parāprāveśikā*
*Parātrīṁśikā Laghuvṛitti*
*Parātrīṁśikā Vivaraṇa*
*Śiva Sūtra Vimarśinī*

*Śiva Stotrāvalī*
*Spanda Kārikā*
*Spanda Samdoha*
*Stavacintāmaṇi*
*Tantrāloka* (18 capítulos)
*Vātūlanātha Sūtras*
*Vijñāna Bhairava*

Bajo la inspiración directa de Swamiji, se estableció Universal Shaiva Fellowship, una organización sin fines de lucro, para hacer realidad su visión de que el Shaivismo de Cachemira esté a disposición de todo el mundo. Esto está siendo logrado mediante la preservación de sus enseñanzas y su puesta a disposición sin restricción de casta, credo o color en tantas formas como sea posible. A medida que más y más de las enseñanzas del Shaivismo de Cachemira están disponibles para el mundo, me siento orgulloso e inspirado de que estamos viendo el cumplimiento de los deseos de Swamiji.

John Hughes
Kashmir Shaivism Fellowship

## Introducción a la primera edición

Debido a acontecimientos del pasado, la tradición y las enseñanzas del Shaivismo de Cachemira han permanecido ocultas durante los últimos 800 años. Swami Lakshmanjoo es el último y el más grande de los santos y maestros de esta tradición. Él es como una joya espléndida e infrecuente. Pasó toda su vida, comenzando cuando era un niño pequeño, estudiando y practicando las enseñanzas de esta tradición, y al hacerlo, debido a su poder intelectual y a la fuerza de su conciencia, realizó tanto espiritual como intelectualmente la Realidad de su pensamiento.

En sus enseñanzas, enfatiza constantemente el carácter laico de esta gran tradición. Quiere que sea claramente entendido por todos que el Shaivismo de Cachemira no discrimina a nadie por razones de casta, credo, color o sexo. Nadie tiene prohibido involucrarse en la práctica y las enseñanzas de esta tradición. Esta enseñanza es universal y abierta a todos.

Las llaves secretas necesarias para abrir el cerrojo del tesoro de conocimientos que encarna el Shaivismo de Cachemira, han sido transmitidas oralmente de maestro a discípulo desde la antigüedad. Esta enseñanza oral es la vida misma de esta tradición, y Swamiji es el último depositario vivo de esta riqueza secreta. Él está muy interesado, por lo tanto, en que la realidad de esta tradición no se pierda cuando él se haya ido de este mundo. Con esto en mente, en los años 1971 y 1972 dio las clases que componen este libro. Con la dirección de Swamiji y bajo su estricta supervisión, estas clases fueron corregidas por el Universal Shaiva Trust y son reproducidas aquí para beneficio e inspiración de toda la humanidad.

John Hughes - Universal Shaiva Trust

## Prefacio a la primera edición

Este libro consiste de conferencias que dicté en 1971 y 1972. Comenzó en 1969, cuando Maharṣi Mahesh Yogī llegó a nuestro valle. Había oído hablar de mí y quería que nos encontráramos, por lo tanto, me llamó. Cuando me visitó, me preguntó si me gustaría hablar a sus discípulos, y yo accedí. Envió un vehículo y fui llevado adonde se alojaba con sus discípulos occidentales. Cuando llegué, había un gran grupo de devotos occidentales esperándome. Les di una charla sobre puntos importantes del Shaivismo de Cachemira.

John y Denise Hughes también estaban presentes en esa reunión, pero no fuimos presentados. Deben haber quedado impresionados con lo que escucharon porque, en 1971, volvieron a Cachemira y vinieron a verme a mi *āśram*. Les pregunté quiénes eran. Dijeron que eran discípulos de Maharṣi, y que habían escuchado mi disertación cuando visitaron Cachemira con Maharṣi en 1969. John luego me dijo que tenía un problema: quería aprender Shaivismo de Cachemira, pero no sabía si yo tendría tiempo suficiente para enseñarle. Le respondí que sí, que lo tendría. Le indiqué que debía venir al *āśram* el martes siguiente y que comenzaría a enseñarle. Así que el martes llegó, junto con su grabadora, y comencé a darle clases en el salón del *āśram*. Denise, su esposa, también asistió a estas disertaciones.

Al principio, solo enseñé a John los temas introductorios del Shaivismo de Cachemira. A medida que pasaba el tiempo, sin embargo, me dí cuenta de que John tenía buen poder de comprensión y comencé a tener afecto por él. Quise enseñarle más y más sobre Shaivismo de Cachemira, enseñarle los secretos del Shaivismo, así que continué dándole clases y John las grababa. Este fue el punto de partida de sus estudios. Son estos secretos, estos importantes puntos que le enseñé en ese momento, los que componen este libro.

Como entendí que John asimilaba muy bien las lecciones, después de completarlas comencé a enseñarle la teoría que se encuentra en las escrituras shaivas. De esta manera le fue enseñado el Shaivismo de Cachemira.

Creo que cuando se impriman estas clases, será una gran bendición para la humanidad y elevará al mundo entero. También me consideraré bendecido por el Señor Śiva. Espero que John continúe escribiendo sobre lo que le he entregado en teoría y práctica: los Supremos secretos. Si continúa exponiéndolos al mundo, será una gran ayuda para todos.

Swami Lakshmanjoo
1984

# Capítulo uno

## Treinta y seis elementos
*Tattvas*

Para comenzar, les explicaré la naturaleza de aquello que es conocido como los *tattvas* o elementos. En el Vedānta se nos dice que solo hay veinticinco *tattvas*; sin embargo, en el Shaivismo sabemos que en realidad hay treinta y seis *tattvas*. Estos treinta y seis *tattvas* son el punto más importante para comenzar con el Shaivismo.

Voy a explicar los *tattvas* de manera ascendente, no descendente. Debemos elevarnos hasta *Parama Śiva*. Prefiero ascender y no descender: debemos ascender. Por lo tanto, explicaré primero el elemento más denso, "tierra", y luego procederé a explicar los elementos más sutiles, hasta llegar al elemento más sutil, el más puro, que es *Parama Śiva*.

Treinta y seis *tattvas* - 36 elementos

*Pañca mahābhūtas* - cinco grandes elementos
*pṛithvī*: tierra
*jala*: agua
*tejas*: fuego
*vāyu*: aire
*ākāśa*: éter

*Pañca tanmātras* - cinco elementos sutiles
*gandha*: olfato
*rasa*: gusto

*rūpa*: forma
*sparśa*: tacto
*śabda*: sonido

*Pañca karmendriyas* - cinco órganos de acción
*upastha*: creativo
*pāyu*: excreción
*pāda*: pie
*pāṇi*: mano
*vāk*: habla

*Pañca jñānendriyas* - cinco órganos de cognición
*ghrāṇa*: nariz, órgano del olfato
*rasanā*: lengua, órgano del gusto
*cakṣu*: ojo, órgano de la visión
*tvak*: piel, órgano del tacto
*śrotra*: oído, órgano de la audición

*Antaḥkaraṇas* - tres órganos internos
*manas*: mente
*buddhiḥ*: intelecto
*ahaṁkāra*: ego relacionado con la objetividad

*prakṛiti*: naturaleza
*puruṣa*: ego relacionado con la subjetividad

*Ṣaṭ kañcukas* - seis coberturas
*niyati*: limitación de lugar
*kāla*: limitación de tiempo
*rāga*: limitación de apego
*vidyā*: limitación de conocimiento
*kalā*: limitación de acción (creatividad)
*māyā*: ilusión de individualidad

*Śuddha tattvas* - elementos puros
*śuddha vidyā*: yo-idad en yo-idad, esto-idad en esto-idad
*īśvara*: esto-idad en yo-idad
*sadāśiva*: yo-idad en esto-idad
*śakti*: yo-idad
*śiva*: yo-idad (Ser).

Comenzaremos, por lo tanto, desde el grado más bajo de los *tattvas*, que son los *tattvas* densos. Los *tattvas* densos se llaman *pañca-mahābhūtas*, los cinco grandes elementos. Son los *tattvas* *pṛithvī* (tierra), *jala* (agua), *tejas* (fuego), *vāyu* (aire) y *ākāśa* (éter.) El elemento éter no es perceptible, como los elementos tierra, aire, fuego y agua. Más bien es el espacio, el espacio desocupado. Nos da espacio para movernos. Es el elemento en el que los otros cuatro elementos densos tienen espacio para existir. Podríamos decir que se trata de un vacío especial que es llenado por los otros cuatro grandes elementos. Estos *tattvas* son densos y se llaman *mahābhūtas* (grandes elementos), ya que todo el universo se basa en estos cinco elementos.

Después de los cinco *mahābhūtas*, ascendemos a los cinco *tanmātras*. Los cinco *tanmātras* corresponden a los cinco *mahābhūtas*.

*Gandha tanmātra* surge del elemento tierra (*pṛithvī tattva*). La palabra *gandha* significa "olfato"; sin embargo, no es exactamente el olfato, sino la morada del olfato, donde el olfato reside. Esta morada del olfato se llama *gandha tanmātra*.

El siguiente *tanmātra*, *rasa tanmātra*, ha surgido del elemento agua (*jala mahābhūta*). *Rasa tanmātra* es la morada de la impresión del gusto (*rasa*).

Del elemento fuego (*tejas mahābhūta*) surge *rūpa tanmātra*. Aunque la palabra *rūpa* significa "forma", *rūpa tanmātra* no es exactamente forma, es la morada de la forma, donde reside la impresión de la forma. Esta morada se llama *rūpa tanmātra*.

Del elemento aire (*vāyu mahābhūta*) surge *sparśa tanmātra*, que es el *tanmātra* del tacto, la sensación del tacto. Este *tanmātra* es la morada de la sensación del tacto.

Y, por último, del elemento éter (*ākāśa mahābhūta*) surge *śabda tanmātra*, el *tanmātra* del sonido. Esta es la morada de la sensación del sonido.

Después de los cinco *tanmātras* vienen los cinco *tattvas* conocidos como los cinco *karmendriyas*, los cinco órganos de acción. Estos órganos de acción son *vāk*, *pāṇi*, *pāda*, *pāyu* y *upastha*.

El primer *karmendriya* es *vāk tattva*, el órgano del habla.

El siguiente es *pāṇi tattva*. La palabra *pāṇi* significa "mano". *Pāṇi* es aquel órgano de acción mediante el cual tomas y das.

Luego viene *pāda tattva*. La palabra *pāda* significa "pie". Es el órgano mediante el cual te mueves por ahí, el órgano de locomoción.

El siguiente es *pāyu tattva*, el órgano activo de excreción. Es el órgano de evacuar las heces.

El quinto y último *karmendriya* es *upastha tattva*. *Upastha tattva* es aquel *karmendriya*, aquel órgano de acción que es el órgano activo del sexo y de la micción, el órgano por medio del cual se lleva a cabo el sexo y se orina.

Los próximos cinco *tattvas* son los cinco órganos de cognición (conocimiento) y se conocen como los cinco *jñānendriyas*. Estos son los órganos mentales con los que experimentamos el mundo. Estos cinco órganos son *ghrāṇa*, *rasanā*, *cakṣu*, *tvak* y *śrotra*.

El primer *jñānendriya* es *ghrāṇa tattva*. La palabra *ghrāṇa* significa "nariz". El uso de la palabra nariz no se refiere a la respiración; más bien, la nariz aquí indica el olfato. Este es el órgano de cognición con el que hueles. Crea olores.

El siguiente *tattva* es *rasanā tattva*. *Rasanā* significa "lengua". Aquí el uso de la palabra lengua no se refiere al habla sino al gusto, ya que, aunque el habla también viene de la lengua, es un órgano de acción, no un órgano de cognición. *Rasanā tattva* es aquel órgano de cognición con el que saboreas. Crea sabores.

Ahora sigue *cakṣu tattva*. La palabra *cakṣu* significa "ojo". Es aquel órgano de cognición con el que ves. Crea la forma (*rūpaḥ*).

El cuarto *jñānendriya* es *tvak tattva*. *Tvak* significa "piel". Es el órgano de cognición con el que sientes. Crea el tacto.

El último órgano de cognición es *śrotra tattva*. *Śrotra* significa "oreja". Es aquel órgano de cognición con el que oyes. Crea sonido.

Todos los veinte elementos anteriores: los cinco *mahābhūtas*, los cinco *tanmātras*, los cinco *karmendriyas* y los cinco *jñānendriyas*, son llamados elementos densos. Son todos elementos objetivos. Los siguientes elementos, a medida que continuamos ascendiendo en nuestra explicación de los *tattvas*, se dice que son a la vez elementos objetivos y subjetivos. Debes entender que en el Shaivismo todos los elementos son en verdad elementos objetivos. Se los llama objetos. Solo aquel super Ser es subjetivo. Sin embargo, ya que los siguientes elementos están un poco más conectados con la subjetividad que los anteriores, decimos que se trata de elementos que son a la vez objetivos y subjetivos.

Ahora ascendemos a los tres *tattvas* que son conocidos como *antaḥkaraṇas*. La palabra *antaḥkaraṇas* significa "órganos internos". Los tres órganos internos son *manas* (mente), *buddhiḥ* (intelecto) y *ahaṁkāra* (ego).

*Manas tattva*, el elemento de la mente, se dice en sánscrito que es *saṁkalpasādhana*, el medio por el cual creas el pensamiento. Se refiere a cualquier pensamiento, como "Voy aquí, voy allí, he hecho esto, he hecho eso otro". Esta es la acción de *manas*.

La acción de *buddhiḥ tattva*, el elemento del intelecto, es confirmar si debo hacerlo o no. Este es el campo de la confirmación de lo correcto de cada acción propuesta, ya sea intelectual o moral, porque, en primer lugar, debes determinar si la decisión o acción propuesta es correcta y luego tomar una decisión basada en esta determinación. Te preguntas internamente: "¿Debo realizar esta acción o no? ¿Es esta la decisión correcta o no?". *Buddhi* te responderá: "No, no debes hacer eso", o "Sí, debes hacerlo". "Esto es malo, no es correcto hacerlo", "Esto es bueno, debes hacerlo". "Esta respuesta es correcta", "Esta respuesta es incorrecta". Todo esto es hecho por el intelecto.

*Ahaṁkāra tattva* es el elemento del ego que está conectado con la objetividad. Cuando te atribuyes cualquier acción o conocimiento a ti mismo, por ejemplo, "Yo he hecho esto y fue un error, he hecho eso y no tendría que haberlo hecho", o "Yo he hecho algo maravilloso que me beneficiará mucho", se trata de la acción de *ahaṁkāra tattva*. Crea conciencia de "yo" limitado, el ego limitado, que está conectado con la objetividad.

Ascendiendo aún más, llegamos a los dos *tattvas prakṛiti* y *puruṣa*. Estos dos *tattvas* son interdependientes. *Prakṛiti* depende de *puruṣa* y *puruṣa* depende de *prakṛiti*. *Prakṛiti* es el elemento que es conocido como "naturaleza". Es el campo donde surgen y fluyen las tres tendencias conocidas como los tres *guṇas*, las tres cualidades. Son, respectivamente, *sattva*, *rajas* y *tamas*. *Prakṛiti* es la combinación de estos tres *guṇas*, pero sin ningún tipo de distinción. Los tres *guṇas* emergen de *prakṛiti* y por lo tanto se dice que los tres *guṇas* no están en el campo de los *tattvas*. No deben ser considerados como *tattvas* porque son creados por *prakṛiti*. Los *tattvas* son creadores, no son creados. Por lo tanto, los que son *tattvas* no son los *guṇas* sino su creadora *prakṛiti*. Y lo que responde a aquella *prakṛiti*, que posee aquella *prakṛiti*, se llama *puruṣa*.

Hasta este punto, he explicado veinticinco *tattvas*: cinco *mahābhūtas*, cinco *tanmātras*, cinco *karmendriyas*, cinco *jñānendriyas*, tres *antaḥkaraṇas*, *prakṛiti* y *puruṣa*. Este es el límite de la comprensión de los *tattvas* del Vedānta. Ellos dicen que solo hay veinticinco *tattvas*. Sin embargo, en el Shaivismo, hasta este punto todavía no ha sucedido nada. Todos estos *tattvas* existen en el campo de *māyā*, en el campo de la objetividad.

En el Shaivismo, *puruṣa* no es un alma realizada. *Puruṣa tattva* está tan ligado y limitado como lo está *ahaṁkāra tattva*. La única diferencia entre *puruṣa* y *ahaṁkāra* es que *puruṣa* está conectado con la subjetividad y *ahaṁkāra* está conectado con la objetividad. Y este *puruṣa* se enreda y limita en cinco modos, que son los cinco *kañcukas*: *niyati*, *kāla*, *rāga*, *vidyā*, y *kalā*.

Primero está *niyati tattva*. La función de *niyati tattva* es poner la impresión en *puruṣa* que está residiendo en un lugar determinado y no en todos los lugares. Tú resides en una casa cerca del puente y no resides simultáneamente en Ishiber, cerca de Nishat. Resides en Cachemira, no resides simultáneamente en Australia o Canadá. Esta es la limitación que *niyati tattva* causa para *puruṣa*: que uno reside en un lugar en particular y no en todas partes.

Luego viene *kāla tattva*. La palabra *kāla* significa "tiempo". La acción de *kāla tattva* es mantener a *puruṣa* en un tiempo determinado, que sea víctima de estar en un período en particular. Por ejemplo, tienes 25 años de edad, yo tengo 64 y él tiene 43. Esta limitación es el resultado de la acción de *kāla tattva*.

El tercer *tattva* por el cual *puruṣa* es limitado es conocido como *rāga tattva*. *Rāga* significa "apego". Se trata del apego que resulta de no estar completo. La acción de *rāga tattva* es dejar la impresión en *puruṣa* que no está pleno, que no está completo, y que debe tener esto o aquello para completarse. Siente una carencia que debe completar. Esta es la función de *rāga tattva* en la limitación de *puruṣa*.

El cuarto *tattva* que limita a *puruṣa* es *vidyā tattva*. *Vidyā* significa "conocimiento". La acción de *vidyā tattva* es poner la impresión en *puruṣa* que tiene tal o cual conocimiento particular y limitado, que no es omnisciente porque solo conoce algunas cosas limitadas.

La quinta y última atadura y limitación de *puruṣa* es *kalā tattva*. *Kalā tattva* crea la impresión en *puruṣa* que tiene algo de creatividad en particular, algo de talento artístico en particular. Ha dominado el arte de la escritura, el arte de la música o el arte de la medicina; sin embargo, no cuenta con una creatividad ilimitada. Es bueno en algunas cosas y no en todas las cosas.

Estas cinco ataduras del *puruṣa* son causadas por la ignorancia del *puruṣa* de su propia naturaleza. Y esta ignorancia es otro *tattva*, que es conocido como *māyā tattva*. Estos cinco *tattvas* son creados por *māyā* para *puruṣa*. Aquel *puruṣa* que es víctima de *māyā*, por lo tanto, no conoce su propia naturaleza real y se vuelve limitado y enredado por estos cinco (*kañcukas*), y por lo tanto se vuelve una víctima de *prakṛiti*. Asume la individualidad y se convierte en un individuo limitado.

Estos cinco *tattvas* más *māyā* son conocidos como *ṣat kañcukas* (las envolturas séxtuples). Estas son las seis envolturas que limitan y enredan y, por lo tanto, limitan a *puruṣa*. Él no está limitado por solo una envoltura sino por seis; estas envolturas deben ser quitadas, y esto es hecho de forma automática por la gracia del maestro. Por medio de esta gracia, en el momento del conocimiento real, *māyā* se transforma en Su *śakti*, Su gran energía. En Su gloria, *māyā* se convierte en la gloria de *Parama Śiva*. Cuando *puruṣa* realiza la realidad de su naturaleza, *māyā* se vuelve gloriosa para él.

Hemos completado nuestro análisis de esos *tattvas*, desde *antaḥkaraṇas* a *māyā*, que están conectados a la vez con la objetividad y la subjetividad. Ahora vamos a ascender a los *tattvas* que están conectados con la subjetividad pura. Este es el curso subjetivo que el *puruṣa* debe tomar para pasar de la subjetividad pura a la subjetividad más pura, y a la subjetividad más pura de todas.

La subjetividad pura se encuentra en el *tattva* conocido como *śuddhavidyā tattva*. Esto existe cuando *puruṣa* realiza de verdad su propia naturaleza. Sin embargo, esta realización no es estable; vacila, se mueve. Así es la realización en el nivel de *śuddhavidyā tattva*. La realización está en movimiento. A veces lo realizas, a veces lo olvidas. La experiencia (*parāmarśa*) de *śuddhavidyā tattva* es "Yo soy *Śiva*, este universo está en la dualidad. Este universo es irreal, yo soy *Śiva*". Esta es la impresión que viene en *śuddhavidyā tattva* y es subjetividad pura.

Ahora, vendrá subjetividad más pura en los dos próximos *tattvas*, *īśvara tattva* y *sadāśiva tattva*. En *īśvara tattva* realizas: "Este universo es mi propia expansión. Este universo no es una ilusión, es mi propia expansión". La realización que tiene lugar en *sadāśiva tattva* es la misma que la realización que tiene lugar en *īśvara tattva*, pero más refinada. En *sadāśiva tattva* realizas "Yo soy el universo entero". Esta es la diferencia entre estas dos impresiones. En *īśvara tattva* tienes la impresión "Este universo es mi propia expansión", mientras que en *sadāśiva tattva* encontrarás que "Yo mismo soy el universo entero". Estos dos *tattvas* comprenden la subjetividad en una forma más pura.

Ahora bien, en los últimos dos *tattvas* llegamos a la subjetividad en su forma más pura. Estos dos *tattvas* son los *tattvas* interdependientes: *śakti tattva* y *śiva tattva*. La impresión que se presenta en estos dos *tattvas* es solo yo, el yo puro, el yo universal. No es "Este universo es mi propia expansión" o "Yo soy el universo entero". No, es solo yo, yo puro, yo universal.

Por último está ese Ser que no entra en el ciclo de *tattvas*, llamado *Parama Śiva*. *Parama Śiva* no se encuentra solo en *śiva tattva* o en *śakti tattva*. No está solo aquí o solo allí. Lo encontrarás en todas partes. Lo encontrarás desde el *tattva* más bajo al más elevado. Es todos los niveles, y por lo tanto no es ninguno. Está en todas partes, por eso no está en ninguna parte. El Ser único que está en todas partes no está en ningún lugar.

# Capítulo dos

## El camino séxtuple del universo
## *Ṣaḍadhvan*

En el Shaivismo se dice que este universo objetivo es triple, ya que se compone de tres caminos (*adhvans*). Estos *adhvans* son denso (*sthūla*), sutil (*sūkṣma*) y más sutil (*para*).

El camino denso se llama *bhuvanādhva*.
El camino sutil, *tattvādhva*.
El camino más sutil, *kalādhva*.
Primero *bhuvanādhva*, luego *tattvādhva* y por último *kalādhva*.

La palabra *adhvan* significa "camino". En este caso, "camino" tiene un doble significado: es el camino por el que avanzas, o es el camino que debes desechar, que debes descartar. Puedes avanzar por el camino o descartarlo. Solo puedes desechar este camino por la gracia de tu maestro. Y cuando desechas este camino, llegas al estado de *Parama Śiva*.

No hay manera de realizar a Dios a través de avanzar por este camino. Puedes andar por siglos y siglos y todavía estarás andando. Por lo tanto debes desechar este camino, descartarlo. Cuando descartas el camino, también se llama *adhvan*. Sin embargo, el descarte solo puede ser realizado por la gracia del maestro, que es la encarnación de *Parama Śiva*.

Aquel camino que se dice que es denso es conocido como *bhuvanādhva*. *Bhuvanādhva* significa "el camino de todos los mundos". En el Shaivismo, se dice que estos mundos son ciento dieciocho. Por mundo no me refiero a un planeta. Todo este cosmos, incluyendo soles, lunas, estrellas y planetas, es llamado un mundo. Ha sido comprobado por yogis en *samādhi* que han sido creados ciento dieciocho mundos como este cosmos. Esta combinación de ciento dieciocho mundos se llama *bhuvanādhva*.

El sistema completo de los treinta y seis *tattvas*, que he explicado antes, se llama *tattvādhva*. *Tattvādhva* significa "el curso de todos los elementos", el camino de los *tattvas*. Este es el camino que es sutil.

Aquel camino (*adhvan*) que es más refinado que *tattvādhva* es conocido como *kalādhva*. Es el camino más sutil de todos. *Kalādhva* consta de cinco *kalās*, que son cinco límites o cercas. Estas *kalās* son cercas para todos los treinta y seis elementos, los treinta y seis *tattvas*, desde la tierra hasta *Śiva*.

La primera cerca y la más externa se llama *nivṛtti kalā*. En *nivṛtti kalā* se encuentra el primer *tattva*, *pṛithvī tattva*, el elemento "tierra".

La siguiente *kalā* o cerca es *pratiṣthā kalā*. En *pratiṣthā kalā* encuentras los veintitrés *tattvas* desde *jala tattva*, el elemento "agua", hasta *prakṛiti tattva*.

La próxima cerca es conocida como *vidyā kalā*. *Vidyā kalā* contiene los siete *tattvas*, desde *puruṣa tattva* hasta *māyā tattva*.

La próxima cerca se llama *śāntā kalā*. *Śāntā kalā* contiene los cuatro *tattvas* desde *śuddhavidyā tattva* hasta *śakti tattva*, el trigésimo quinto *tattva*.

La quinta y última cerca es conocida como *śāntātīta kalā*. Aquí, solo encontrarás la existencia de *śiva tattva*.

Este curso de los tres clases de *adhvans* se llama *vācyādhva*. La palabra *vācya* significa "aquello que es observado, hablado, dicho". Por lo tanto, *vācyādhva* es el camino de aquello que es observado, visto, notado. Se llama *vācyādhva* porque es visto, es observado, es creado, es sentido. Es el ciclo objetivo de esta creación.

Ahora debemos volver a su observador, el creador de este *adhvan*. El creador del camino triple del universo conocido como *vācyādhva* es llamado *vācakādhva*. El significado de la palabra *vācaka* es "aquel que observa, ve y crea". Entonces, aquel camino que observa, ve y crea es llamado *vācakādhva*. Es el ciclo subjetivo de esta creación. Y como *vācyādhva*, *vācakādhva* también está compuesto por tres caminos: denso (*sthūla*), sutil (*sūkṣma*) y más sutil (*para*).

*Vācakādhva* denso (*sthūla*) se llama *padādhva* y consiste de frases; se dice que las frases son densas.

*Vācakādhva* sutil (*sūkṣma*) se llama *mantrādhva* y consiste de palabras, porque se dice que las palabras son más sutiles que las frases.

Más sutil que *mantrādhva*, el mundo de las palabras, es el camino de las letras, llamado *varṇādhva*.

Toma cualquier objeto, como una vasija. Ese objeto caerá en el mundo triple de *vācyādhva*. Es un brote de los treinta y seis elementos. Por otro lado, la palabra "vasija" es *vācakādhva* para este objeto. Por lo tanto, este objeto es *vācya* y su *vācaka* es la palabra "vasija".

La combinación de todos estos seis *adhvans*, los tres *adhvans* objetivos y los tres *adhvans* subjetivos es llamada *ṣaḍadhva*, el *adhvan* séxtuple. Esta es la explicación del universo entero, tanto subjetivo como objetivo.

# Capítulo tres

## La teoría del alfabeto
*Mātṛikācakra*

*Mātṛikācakra* es la teoría del alfabeto. Esta teoría nos enseña que todo el universo es creado por Dios, el Señor Śiva, como uno con, y no separado de, Su propia naturaleza. Él ha creado este universo en Su propio Ser como el reflejo de Su dulce voluntad. La creación de este universo es el resultado de este reflejo. En el Shaivismo, la dulce voluntad de Dios es conocida como *icchā śakti*, la energía de la voluntad. Es a través de Su voluntad que el reflejo del universo tiene lugar en Su propia naturaleza. Este reflejo, sin embargo, no es como el reflejo que tiene lugar en un espejo corriente, donde el espejo es el reflector y aquello que se refleja en el espejo es externo a él. El reflejo del universo, que tiene lugar en la propia naturaleza del Señor Śiva, es como el reflejo que tiene lugar en un espejo con forma de copa. En este caso, el Señor Śiva toma la forma de una copa y pone otra copa delante de Su naturaleza. Y en esa segunda copa, que es inseparable de Él, tiene lugar el reflejo del universo.

Este universo, como he explicado con anterioridad, está contenido en los treinta y seis elementos, los treinta y seis *tattvas*. Y desde el punto de vista descendente, primero viene *śiva tattva*, luego *śakti tattva*, después *sadāśiva tattva*, *īśvara tattva*, *śuddhavidyā tattva*, *māyā tattva* y así sucesivamente. Sin embargo, el reflejo del universo no tiene lugar de esta manera descendente, desde *śiva tattva* a *māyā tattva*, etc. Por el contrario, ocurre de manera inversa. El reflejo del universo tiene lugar desde *pṛithvī tattva*, el elemento tierra, a *śakti tattva*; desde el más bajo hasta el más alto, no desde el más alto hasta el más bajo. Tal como en el curso ordinario de la experiencia cuando ves tu cara en un espejo cóncavo, la cabeza aparece hacia abajo y tu cuerpo aparece hacia arriba. De la misma manera, todo este universo comienza desde *śakti tattva*, pero es experimentado como comenzando desde *pṛithvī tattva*. El elemento tierra, el más bajo, se refleja primero y luego el elemento agua, fuego (*agni*), luego aire (*vāyu*), y así sucesivamente, hasta *śakti tattva*.

Y así, a pesar de que la manera real en que el universo se expande es de *śiva tattva* a *śakti tattva* y así sucesivamente, este reflejo te hace sentir como si el elemento más bajo, tierra, se reflejara en primer lugar. Esto es debido al hecho de que es reflejado. Es el reflejo el que hace que lo sientas de esta manera porque es un reflejo inseparable. No hay un espejo exterior separado de aquello que se refleja en el espejo. En el curso ordinario de la vida, experimentas que lo que se refleja en el espejo está en un lugar y el espejo, que es el reflector, está en otro. En el reflejo del universo, sin embargo, el reflejo y el reflector son inseparables. Es *Śiva* y Su *Śakti*, el poseedor de la energía y Su energía, Su energía de la voluntad.

El Señor Śiva, el reflector de todo este universo, está lleno de cinco energías, y estas cinco energías son:

*cit śakti*, la energía de la conciencia;
*ānanda śakti*, la energía de la dicha;
*icchā śakti*, la energía de la voluntad;
*jñāna śakti*, la energía del conocimiento;
*kriyā śakti*, la energía de la acción.

Estas cinco energías están representadas en las dieciséis vocales del alfabeto sánscrito:

*a, ā, i, ī, u, ū, ṛi, ṛī, ḷi, ḷī, e, ai, o, au, ṁ, ḥ,*

que constituyen *śiva tattva*.

La primera letra del alfabeto sánscrito, la letra *a*, representa a *cit śakti*, la energía de la conciencia del Señor Śiva.

La segunda letra del alfabeto sánscrito, la letra *ā*, representa a *ānanda śakti*, la energía de la dicha del Señor Śiva.

*Cit śakti* y *ānanda śakti*, las energías de la conciencia y la dicha, son totalmente inseparables. Donde hay conciencia (*cit*) hay dicha (*ānanda*), y donde hay dicha hay conciencia. Aquí, en esta etapa, el universo todavía no ha tomado forma. Solo está residiendo en *ānanda śakti*, la energía de la dicha.

Después de *cit śakti* y *ānanda śakti* viene *icchā śakti*, la energía de la voluntad. *Icchā śakti* está representada por la tercera y cuarta letras del alfabeto, las letras *i* e *ī*. Debes comprender que *icchā śakti* no es el deseo sino la voluntad. Considerar a *icchā śakti* como la energía del deseo es comprenderla de manera errónea. Es el poder de la voluntad. Y esta *icchā śakti* toma dos formas: no agitada y agitada. En su forma no agitada, *icchā śakti* reside tranquila en su propia naturaleza y está representada por la letra *i*. Luego, tiene lugar la formación agitada de *icchā śakti*. Este estado está representado por la siguiente letra del alfabeto, la letra *ī*. Este es el estado de la voluntad agitada. En este estado, la voluntad del Señor Śiva se agita, pero no de manera tal que se separe de Su propia naturaleza. Permanece como residente en Su propia conciencia y dicha, *cit* y *ānanda*.

En este punto, tiene lugar en la conciencia del Señor Śiva la aprensión de que si sigo adelante, si continúo, puedo perder mi propia naturaleza. Y esta aprensión tiene lugar en *jñāna śakti*, la energía del conocimiento del Señor Śiva, y está representada en las siguientes dos letras del alfabeto, las letras *u* y *ū*. La primera de estas dos letras, la letra *u*, se llama *unmeṣa*. La palabra *unmeṣa* indica que la existencia universal está a punto de comenzar, está próxima. Aún no ha comenzado, no ha sido creada, está a punto de ser creada. Y cuando Él comienza a crear el universo,

Él se vuelve aprensivo; esta aprensión se conoce como *ūnatā*, que significa "disminución". Este estado está representado por la letra *ū*. Es ese estado en el que el Señor Śiva tiene el presentimiento de que su *cit śakti* y *ānanda śakti* pueden disminuir si Él continúa en marcha para crear el universo. Este sentimiento lo mantiene en un punto muerto y evita que avance.

Él, por lo tanto, descarta el universo. Separa al universo de Su propia naturaleza y reside en Su propia *cit śakti* y *ānanda śakti*, conciencia y dicha. Este estado, en el que el Señor Śiva ha rechazado el universo y solo está residiendo en Su propia naturaleza de conciencia y dicha, está representado por las siguientes cuatro vocales del alfabeto, las letras *ṛi*, *ṛī*, *ḷi* y *ḷī*. El estado que indican estas cuatro vocales es aquel estado en el que el Supremo, lleno de conocimiento y dicha, reside en Su propia naturaleza. Él no está en marcha. Debido a esto, no hay ninguna posibilidad de que el universo surja a la manifestación. Aquí, la manifestación del universo se detiene totalmente. Por lo tanto, a estas cuatro vocales, *ṛi*, *ṛī*, *ḷi* y *ḷī*, se las llama *amṛita bīja*, que significa "que reside en Su propia dicha (*ānanda*)". En esta etapa, no hay idea de crear el universo. Estas cuatro vocales no crean nada. El estado del Señor Śiva que estas cuatro vocales representan se conoce como *anāśrita śiva*. *Anāśrita śiva* se refiere a aquel Śiva que no ha aceptado la existencia del universo en Su propia naturaleza. En este estado, el Señor Śiva reside en su propia naturaleza para siempre.

La aprensión "Si creo este universo puedo perder Mi propia naturaleza" es conocida como *ūnatā*. Surgió desde el estado de agitación de la *jñāna śakti* del Señor Śiva. Sin embargo, las dos primeras energías del Señor Śiva, *cit śakti* y *ānanda śakti*, las energías de la conciencia y la dicha, no reconocen esta aprensión. Estas dos energías están en paz. Ellas entienden que la creación de este universo es solo la gloria de Su naturaleza; por lo tanto, ¿por qué estarían aprensivas? No hay aprensión que surja en el Señor Śiva. ¿Por qué tendría miedo de aparecer? Aparecer o desaparecer es lo mismo para Él. Como estas dos energías, *cit śakti* y *ānanda śakti*, tienen esta comprensión, por lo tanto, comienzan de nuevo a crear este universo.

Entonces, *cit śakti* y *ānanda śakti*, las energías de la conciencia y la dicha, que están representadas por las vocales *a* y *ā*, crean contacto con *icchā śakti*, la energía de la voluntad, que está representada por las vocales *i* e *ī*, y crean la letra *e*. Y luego simultáneamente, *cit śakti* y *ānanda śakti* contactan a *e* y dan lugar a la letra *ai*. Y cuando *cit śakti* y *ānanda śakti* entran en contacto con *jñāna śakti*, la energía del conocimiento, representada en las letras *u* y *ū*, crean la letra *o*. Y cuando simultáneamente *cit śakti* y *ānanda śakti* contactan la letra *o*, dan lugar a la letra *au*.

Así que cuando *a* o *ā* entran en contacto con *i* o *ī*, es creada la letra *e*. Y cuando *a* o *ā* entran en contacto con la letra *e*, es creada la letra *ai*. De la misma manera, cuando *a* o *ā* entran en contacto con *u* o *ū*, es creada la letra *o*. Y cuando *a* y *ā* entran en contacto con *o*, es creada la letra *au*.

Estas cuatro letras, *e*, *ai*, *o*, *au*, que fueron creadas por el contacto de *cit śakti* y *ānanda śakti* con *icchā śakti* y *jñāna śakti*, representan los cuatro estados de *kriyā śakti*, la energía de la acción del Señor Śiva.

El primer estado de la energía de la acción, que está representado por la letra *e*, se llama *asphuṭa* (no vívida) *kriyā śakti*. En este estado, la energía de la acción no es clara.

En el siguiente estado de *kriyā śakti*, que está representado por la letra *ai*, la energía de la acción se convierte en *sphuṭa* (vívida).

En el tercer estado de *kriyā śakti*, representado por la letra *o*, la energía de la acción se convierte en *sphuṭatara* (más vívida).

Y en el cuarto y último movimiento y estado de *kriyā śakti*, representado por la letra *au*, la energía de la acción se convierte en *sphuṭatama* (la más vívida).

Así que la energía de la acción tiene cuatro estados, tal como se representan en las letras *e*, *ai*, *o*, *au*. Y en estos cuatro estados, la energía de la acción comienza como no vívida (*asphuṭa kriyā śakti*), luego se convierte en vívida (*sphuṭa kriyā śakti)*, a continuación, más vívida (*sphuṭatara kriyā śakti*), y finalmente, la más vívida (*sphuṭatama kriyā śakti*). En esta energía de la acción tiene lugar el reflejo de todo el universo. Aunque este universo se refleja en el total de Su energía de la acción, sin embargo, este reflejo ha tenido lugar principalmente en Su cuarta energía de la acción, que es representada por la letra *au*.

El hecho es, sin embargo, que a pesar de que todo este universo ha sido creado, la naturaleza de Su Ser, que está pleno de conciencia y dicha, no ha disminuido en absoluto. No ha ocurrido nada. Él solo está residiendo en Su propio punto. Este estado del Señor Śiva está representado por la letra *ṁ* (*anusvāra*). La letra *ṁ*, por lo tanto, demuestra que la existencia del Señor Śiva no se ha movido de Su propia naturaleza, a pesar de que este universo entero es creado en Su Ser.

El reflejo del universo, que ha sido explicado antes como siendo de la forma de un espejo en forma de copa, está representado por la decimosexta letra del alfabeto sánscrito, *visarga*, la letra *ḥ*. En la escritura *devanāgarī* la letra *ḥ* tiene la forma de dos puntos ":". Estos dos puntos del *visarga* (:) representan las dos copas en las que tiene lugar el reflejo del universo. Estos dos puntos son conocidos como *śiva bindu* y *śakti bindu*.

He explicado que las vocales sánscritas, desde la letra *a*, que es *anuttara*, a la letra *ḥ*, que es *visarga*, son *śiva tattva*. El resto del alfabeto es *śakti tattva*, el universo de los treinta y cinco *tattvas*. Y este universo es el reflejo de Su *svātantrya*. No es creado, es un reflejo. Puedes preguntar, si no es creado, entonces, ¿cómo es producida cada letra sucesiva? ¿Son producidas solo por reflejar contra la letra o son producidas desde dentro de su propio ser? La respuesta es que no son producidas de ninguna de estas formas. En realidad, es el reflejo de *svātantrya* el que da lugar a cada letra sucesiva. En *cit śakti*, *ānanda śakti*, *icchā śakti*, *jñāna śakti* y *kriyā śakti*, se refleja el *svātantrya* del Señor Śiva. Todos los elementos (*tattvas*) son un reflejo de las cinco energías del Señor Śiva. Ningún elemento escapa de estas cinco energías. Todo sale de estas cinco energías. Es Su *svātantrya* que, a partir de estas cinco energías, primero vienen los cinco *mahābhūtas*, luego vienen los cinco *tanmātras*, luego vienen los cinco *karmendriyas*, y así sucesivamente. Y en cada una de estas energías existen todas las energías, las cinco. Por ejemplo, en *cit śakti* están presentes las cinco energías, *cit śakti*, *ānanda śakti*, *icchā śakti*, *jñāna śakti* y *kriyā śakti*. Al mismo tiempo, debes entender que aunque en una energía están presentes todas las energías, solo una energía es predominante. Así que cinco energías por cinco energías es veinticinco, que son los primeros veinticinco *tattvas*, desde *pṛithvī* a *puruṣa*.

Los cinco *mahābhūtas*, que son las cinco consonantes desde *ṅa* hasta *ka*, son producidos por *cit śakti* (*anuttara*) y *ānanda śakti*, que son una y son las letras *a* y *ā*, cuando está mezclada con Sus cinco energías.

El reflejo donde Su *cit śakti* predomina es *ākāśa* (éter) y esta es la letra *ṅa**.

El reflejo de Su *ānanda śakti* es *vāyu* (aire) y esta es la letra *gha*.

El reflejo de Su *icchā śakti* es *agni* (fuego) y esta es la letra *ga*.

El reflejo de Su *jñāna śakti* es *jala* (agua) y esta es la letra *kha*.

El reflejo de Su *kriyā śakti* es *pṛithvī* (tierra) y esta es la letra *ka*.

---

* *Śakti tattva* es un reflejo de *śiva tattva*. El flujo reflectivo, por lo tanto, es en cada caso desde la última letra hasta la primera, por ejemplo, desde *ṅa* hasta *ka*, y el orden de las consonantes es opuesto.

Los cinco *tanmātras*, que son las consonantes desde *ña* hasta *ca*, son producidos por *icchā śakti*, las letras *i* e *ī*, cuando está mezclada con las cinco energías.

El reflejo donde predomina Su *cit śakti* es *śabda*, la morada del sonido, y esta es la letra *ña*.

El reflejo de Su *ānanda śakti* es *sparśa*, la morada del tacto, y esta es la letra *jha*.

El reflejo de Su *icchā śakti* es *rūpa*, la morada de la forma, y esta es la letra *ja*.

El reflejo de Su *jñāna śakti* es *rasa*, la morada del gusto, y esta es la letra *cha*.

El reflejo de Su *kriyā śakti* es *gandha*, la morada del olfato, y esta es la letra *ca*.

Los cinco *karmendriyas*, que son las cinco consonantes desde *ṇa* hasta *ṭa*, son producidos por las letras *ṛi* y *ṛī*, que es *anāśṛitaśiva*, en conjunto con las cinco energías. Los cinco *jñānendriyas*, que son las cinco consonantes desde *na* hasta *ta*, son producidos por el mismo *tattva* a través de las letras *ḷi* y *ḷī*.

Los cinco *karmendriyas* se reflejan de la siguiente manera:

El reflejo donde predomina Su *cit śakti* es *vāk*, el órgano del habla, y esta es la letra *ṇa*.

El reflejo de Su *ānanda śakti* es *pāṇi*, el órgano de acción, y esta es la letra *ḍha*.

El reflejo de Su *icchā śakti* es *pāda*, el órgano de locomoción, y esta es la letra *ḍa*.

El reflejo de Su *jñāna śakti* es *pāyu*, el órgano de excreción, y esta es la letra *ṭha*.

El reflejo de Su *kriyā śakti* es *upastha*, el órgano activo del sexo, y esta es la letra *ṭa*.

Los cinco *jñānendriyas* se reflejan en la siguiente manera:

El reflejo donde predomina Su *cit śakti* es *śrotra*, el órgano cognitivo de la audición, y esta es la letra *na*.

El reflejo de Su *ānanda śakti* es *tvak*, el órgano cognitivo del tacto, y esta es la letra *dha*.

El reflejo de Su *icchā śakti* es *cakṣu*, el órgano cognitivo de la vista, y esta es la letra *da*.

El reflejo de Su *jñāna śakti* es *rasanā*, el órgano cognitivo del gusto, y esta es la letra *tha*.

El reflejo de Su *kriyā śakti* es *ghrāṇa*, el órgano cognitivo del olfato, y esta es la letra *ta*.

*Jñāna śakti*, que es las letras *u* y *ū*, cuando se mezcla con las cinco energías, produce los cinco elementos *manas*, *ahaṁkāra*, *buddhi*, *prakṛiti* y *puruṣa*, que son las cinco consonantes desde *pa* hasta *ma*.

El reflejo donde predomina Su *cit śakti* es *puruṣa*, el yo limitado, y esta es la letra *ma*.

El reflejo de Su *ānanda śakti* es *prakṛiti*, la naturaleza, y esta es la letra *bha*.

El reflejo de Su *icchā śakti* es *buddhi*, el intelecto, y esta es la letra *ba*.

El reflejo de Su *jñāna śakti* es *ahaṁkāra*, el ego, y esta es la letra *pha*.

El reflejo de Su *kriyā śakti* es *manas*, la mente, y esta es la letra *pa*.

Los seis estados internos del *puruṣa*, que son *māyā*, *kalā*, *vidyā*, *rāga*, *kāla* y *niyati*, se reducen a cuatro combinando *niyati* con *rāga* y *kāla* con *kalā*. Las cuatro limitaciones que resultan de estas combinaciones se corresponden con las siguientes cuatro semivocales *ya*, *ra*, *la* y *va*.

Las limitaciones *kāla* y *kalā*, que son las limitaciones de tiempo y creatividad, corresponden a la letra *ya*.

*Vidyā*, el conocimiento limitado, corresponde a la letra *ra*.

*Rāga* y *niyati*, las limitaciones del apego y el espacio, corresponde a la letra *la*.

*Māyā*, el elemento de autoignorancia y objetividad, corresponde a la letra *va*.

No se puede decir que estas limitaciones sean creadas por las energías del Señor Śiva, ya que representan el estado interno del *puruṣa*. Estas limitaciones, por lo tanto, se llaman *antaḥstha* porque residen dentro del *puruṣa*, el propio ser limitado. Son el estado interno del *puruṣa* limitado.

Los cuatro *tattvas* (*śuddhavidyā*, *īśvara*, *sadāśiva* y *śakti*) también son no creados por las energías del Señor Śiva. En cambio, son el acrecentamiento del calor de Su propia naturaleza.

*Śuddhavidyā*, que es el estado de *ahaṁ-ahaṁ* / *idaṁ-idaṁ* (yo - yo / esto - esto), es la letra *śa*.

*Īśvara*, que es el estado de *idaṁ-ahaṁ* (esto - yo), es la letra *ṣa*.

*Sadāśiva*, que es el estado de *ahaṁ-idaṁ* (yo - esto), es la letra *sa*.

*Śakti*, que es el estado de *ahaṁ* (yo), es la letra *ha*.

Esta es la razón por la que en gramática estas cuatro letras se llaman *ūṣma*, que significa “el calor de Su propia naturaleza”. Son la expansión del estado del Ser ilimitado y, como tal, están asociadas al estado ilimitado del *puruṣa*, que es la expansión de ese estado del Ser ilimitado.

El gran gramático sánscrito Pāṇini también explica el alfabeto como lo hacemos en nuestro Shaivismo.

*akuhavisarjanīyānāṁ kaṇṭhaḥ* ।
El lugar donde se producen las siguientes letras es la garganta:
*a, ā, ka, kha, ga, gha, ṅa, ha, ḥ.*

*icuyaśānāṁ tālu* ।
El lugar donde se producen las siguientes letras es el velo del paladar:
*i, ī, ca, cha, ja, jha, ña, ya, śa.*

*riṭuraṣāṇāṁ mūrdhā* ।
El lugar donde se producen las siguientes letras es la cabeza:
*ṛi, ṛī, ṭa, ṭha, ḍa, ḍha, ṇa, ra, ṣa.*

*litulasānāṁ dantāh* ।
El lugar donde se producen las siguientes letras es los dientes:
*ḷi, ḷī, ta, tha, da, dha, na, la, sa.*

*upūpadhmānīyānāmoṣṭhau* ।
El lugar donde se producen las siguientes letras es los labios:
*u, ū, pa, pha, ba, bha, ma, upadhmānīya**.
*ñamaṅaṇanānāṁ nāsikā ca* ।
El lugar donde se producen las siguientes letras es la nariz:
*ña, ṅa, ṇa, na, ma.*

*edaitoḥ kaṇṭhatālu* ।
Las siguientes letras son producidas por la garganta y el paladar:
*e, ai.*

*odautoḥ kaṇṭhoṣṭam* ।
Las siguientes letras son producidas por la garganta y los labios:
*o, au.*

---

* *Upadhmānīya* es utilizado en la recitación de *mantras* en los Vedas.

*vakārasya dantoṣṭham* I
La siguiente letra es producida por los dientes y los labios:
*va.*

*jihvāmūlīyasya jihvāmūlam* I
Es producida desde la raíz de la lengua:
*jihvāmūlīya**.

*nāsikānusvārasya* I
Desde la nariz se produce:
*ṁ - anusvāra.*

El objetivo de *mātṛikācakra* es funcionar con la primera y la última letra tanto en el modo de Śiva como en el modo de Śakti. Para funcionar en el modo de Śiva, toma la primera letra *a*, que es el primer paso del Señor Śiva en el campo creativo, y combina esto con el último estado de Śiva, la letra *ha*, que es el lugar de descanso y la última letra de *mātṛikācakra*. Esto también se corresponde con el concepto de Pāṇini de *pratyāhāra*. Toma la primera letra junto con la última letra y encontrarás que todas las letras existen en ello. Todo el universo de las letras está incluido entre estas dos letras.

De acuerdo con las reglas de la gramática sánscrita, después de combinar las letras *a* y *ha*, tenemos que añadir la letra *ṁ* en el final y esto crea el *mantra* del Señor Śiva, el *mantra ahaṁ*†. La letra *ṁ* tiene un significado especial. Indica que todo este *pratyāhāra*, que está contenido en las letras desde *a* hasta *ha*, y que ha producido los ciento dieciocho mundos, los treinta y seis elementos y los cinco círculos (*kalās*), en realidad no ha creado nada. Es solo un punto. Este es el significado de la letra *ṁ*, que es *anusvāra*.

---

* La clase gutural de consonantes pronunciada desde la raíz de la lengua.
† *Ahaṁ* es el *mantra* del yo Universal.

El modo de Śakti es el modo de la energía. La diferencia entre Śakti *pratyāhāra* y Śiva *pratyāhāra* es que en Śakti *pratyāhāra*, dos *Śaktis* se combinan y crean un mundo propio. Śakti es en realidad la existencia del Ser creado. Śiva es el creador. Aquí, Śakti quiere independizarse de Śiva. Para ello, debe crear un mundo propio. Es como lo que ocurre con las abejas. Cuando la abeja reina deja de crear huevos, entonces las abejas obreras, sin apareamiento, crean huevos propios. Este es el apareamiento de las *Śaktis*. Śiva es dejado de lado y Śakti se combina con Śakti para crear su propio mundo, que es la expansión de *Śaktis*. Y esta creación toma la primera letra de las consonantes, la letra *ka*, que es la primera letra de la *Śaktis* y la combina con la última letra de la *Śaktis*, la última consonante, la letra *sa**, y produce el *mantra* de Śakti, el *mantra kṣa*.

En el reino de *mātṛikācakra* existen tres tipos de *visargas*, tres tipos de flujo. Estos tres *visargas* se conocen como *śāmbhava visarga*, *śākta visarga* y *āṇava visarga*.

El primer *visarga* existe en la etapa de *ānanda śakti*, y está representado por la letra *a*. Este *visarga* es conocido como *śāmbhava visarga*. Se dice que el modo de este *visarga* es *cittapralayaḥ*. La palabra *cittapralayaḥ* indica aquel estado en que tu mente no funciona, donde solo existe la falta de pensamientos. Aquí la mente no funciona en absoluto. Esto es el flujo sin pensamientos. Este *śāmbhava visarga* también es conocido como *parā visarga*, el *visarga* supremo. Este *visarga* supremo está relacionado con Śiva.

El segundo *visarga* es conocido como *śākta visarga*. También es conocido como *parāparā visarga*, el *visarga* más elevado y a la vez el más bajo, o *visarga* medio. Este *visarga* está representado por la última letra de las vocales, la letra *ḥ* que en gramática también se

---

* La letra *ha* no es parte de esta creación de las *Śaktis* porque *ha* es una letra que está unida a *Śiva* y, por lo tanto, *śakti* no reconoce su naturaleza sin *Śiva*. La letra ha es *apara visarga*, el *visarga* denso del Señor Śiva.

llama *visargaḥ*. El modo de este *visarga* se llama *cittasaṁbodhaḥ*. *Cittasaṁbodhaḥ* indica aquel estado en que la conciencia es mantenida unidireccionalmente.

El tercer y último *visarga* se llama *āṇava visarga*. También es conocido como *aparā visargah*, el *visarga* inferior o más bajo. Es el *visarga* del individuo (*naraḥ*). Este *visarga* es atribuido a la letra *ha*, la última letra del alfabeto sánscrito. El modo de este *visarga* se llama *cittaviśrāntiḥ*. La palabra *cittaviśrāntiḥ* indica aquel estado en que la mente yace en concentración, donde la mente está establecida de manera permanente en la concentración.

# Capítulo cuatro

## La teoría del reflejo
*Pratibimbavādaḥ*

En el modo de acción mundano corriente:

El sonido se refleja hacia afuera en el éter y hacia adentro en el oído.

El tacto se refleja hacia afuera en el aire y hacia adentro en la piel.

La forma se refleja hacia afuera en el fuego y en un espejo y hacia adentro en el ojo.

El gusto se refleja hacia afuera en el agua y hacia adentro en la lengua.

El olfato se refleja hacia afuera en la tierra y hacia adentro en la nariz.

Estos reflejos, sin embargo, son como los reflejos en un espejo. Solo pueden ocurrir de forma individual. Los cinco reflejos no están disponibles a la vez; solo una cosa se refleja en cada uno. En un espejo se refleja la forma. El tacto no se puede reflejar en un espejo, ni tampoco el gusto, el olfato o el sonido. Un espejo solo reflejará la forma. Solo en la Conciencia Suprema de Dios encuentras los cinco reflejados a la vez. De hecho, a pesar de que estos reflejos son experimentados individualmente en todos los órganos de los sentidos (la vista en el ojo, el sonido en el oído, etc.), estos reflejos no podrían siquiera ser observados si la conciencia no estuviera presente. Es necesario percatarse, y esta capacidad se encuentra en la conciencia, no en los órganos.

El universo, por lo tanto, se refleja en el espejo de la conciencia, no en los órganos ni en los cinco elementos densos. Estos no son más que *tattvas* y no pueden reflejar nada. El reflector real es la conciencia. En la conciencia, sin embargo, solo ves la cosa reflejada y no el objeto que se refleja. Lo que se refleja (*bimba*) es, de hecho, *svātantrya*. Todo este universo es el reflejo de *svātantrya*[*] en la Conciencia de Dios. No hay una clase adicional de objetos similares que existen fuera de este mundo, que Él refleja en Su naturaleza. El elemento exterior, aquello que es reflejado, es solo *svātantrya*. La variedad infinita que es creada es solo la expansión de *svātantrya*[†].

Puedes entender esto tomando el ejemplo de causa y efecto. Cuando un alfarero hace una vasija, toma arcilla y le da forma con sus instrumentos de alfarero, un palo, una cuerda y el torno. En la actividad creativa del alfarero se pueden distinguir dos tipos de causas. Está la causa material, que en sánscrito se llama *upādānakāraṇa*. Esta es la causa que viaja con el efecto. No puede ser separada del efecto, y no lo es. En segundo lugar está la causa formal, que en sánscrito se llama *nimittakāraṇa*. La causa formal no viaja con el efecto. La causa material es la arcilla del alfarero y la causa formal es el propio alfarero y su palo, cuerda y torno. En el curso mundano ordinario, el objeto que es reflejado (*bimba*) parece ser la causa del reflejo (*pratibimba*) debido a que el reflejo no puede existir sin aquello que es reflejado. Hemos visto, sin embargo, que todo reflejo es realmente un reflejo en la Conciencia de Dios. Si el objeto reflejado es en realidad la causa del reflejo, entonces, ¿qué tipo de causa es? ¿Es la causa material, que viaja con el efecto, o es la causa formal, que no viaja con el efecto? No puede ser la causa material, porque eso significaría que hay algo

---

* *Svātantrya śakti* es una con la Conciencia de Dios. No hay dos elementos, como el espejo y el objeto que se refleja en el espejo. Lo reflejado y el reflejo son uno. El espejo, que es la absolutamente independiente voluntad de Dios (*svātantrya*), es la Conciencia de Dios.

† *yadvāpi kāraṇaṁ kiñcit bimbatvena... Tantrāloka* III.50.

fuera de la Conciencia de Dios que viaja para convertirse en parte del efecto que es el reflejo. Es nuestra teoría en el Shaivismo que nada puede existir fuera de la Conciencia de Dios. No puede, por lo tanto, haber ningún agente independiente de la Conciencia de Dios y que viaje con la causa, porque si está separado de la Conciencia de Dios y por lo tanto del efecto, no existe.

Si el reflejo de algún objeto es existente en el espejo de la Conciencia de Dios, entonces ¿de qué es un reflejo aquel reflejo? Hemos visto que si el objeto que es reflejado fuera a permanecer fuera de la Conciencia de Dios, entonces no existiría. No puede haber nada, por lo tanto, que esté fuera para reflejarse en el espejo de la Conciencia de Dios. Solo está el espejo. No hay una causa externa que ha entrado en el reflejo que es el efecto. Solo está el espejo de la Conciencia de Dios.

Pero, ¿cuál es, entonces, la causa de este reflejo? *Svātantrya* es el espejo. *Svātantrya*, la voluntad absolutamente independiente de Dios, es la causa de este reflejo. A diferencia del reflejo común que experimentamos en el mundo en el que un objeto puede ser distinguido como la causa del reflejo, en la Conciencia de Dios solo existe el reflejo y no existe nada que sea independiente y reflejado (*bimba*). En esta causalidad, *svātantrya* es la causa formal (*nimittakāraṇa*), no la causa material (*upādānakāraṇa*) del reflejo. No viaja desde la causa al efecto, ya que, como ya he explicado, no hay una causa que pueda estar separada de la Conciencia de Dios. Es Su libre albedrío que quiera, y aquello que Él quiere aparece en el espejo de Su Conciencia. Se trata simplemente de Su voluntad (*svātantrya*). En realidad, solo existe el reflejo y no algo que sea reflejado.

Este universo, por lo tanto, se encuentra en el reflector de la Conciencia de Dios, no a través de la acción de nada de lo que es un reflejo (*bimba*) sino por Su *svātantrya*, donde el universo está contenido en forma de semilla. *Svātantrya* es la semilla de todo.

Todo existe en el espejo de la Conciencia de Dios con *svātantrya* como su causa.

La teoría del reflejo (*pratibimbavāda*) es para los yogines avanzados. Esta teoría les enseña a ser conscientes en sus actividades diarias, al hablar, al caminar, al saborear, al tocar, al escuchar, al oler. Mientras se realizan todas estas diversas acciones, ven que todas estas acciones se mueven en su Conciencia Suprema. Su visión, su percepción, hasta ahora limitada, se convierte en ilimitada. La forma de sus acciones se convierte en absolutamente única. Ellos ven cada acción en su Conciencia de Dios. Existen en el estado de *sadāśiva*. Cada acción de su vida se vuelve gloriosa. Esta es la conciencia que proviene de la práctica de *pratibimba*.

# Capítulo cinco

## La explicación de los medios
*Upāyas*

El significado de la palabra sánscrita *upāya* es "medio". La palabra *upāya* en el Shaivismo de Cachemira se utiliza para indicar los medios para entrar en la Conciencia Universal de Dios desde la conciencia individual. Nuestro Shaivismo proclama que hay tres medios para entrar en la Conciencia Universal de Dios: *śāmbhavopāya*, el medio supremo; *śāktopāya*, el medio del medio; y *āṇavopāya*, el medio inferior.

*Śāmbhavopāya*

*Śāmbhavopāya*, el medio supremo, funciona en *mātṛikācakra*, *pratyāhāra* y *pratibimbavāda*. La definición de *śāmbhavopāya* dada en el *Mālinīvijayottaratantram* es "el que preserva la falta de pensamientos". Al preservar la falta de pensamientos, es decir, al no tener pensamientos y mantener la continuidad de esa falta, y por la gracia del maestro, uno entra en aquella conciencia trascendental donde encuentra que todo este universo ha surgido de frases, y las frases de palabras, y las palabras de letras, y las letras de aquel verdadero "yo" que es *Parama Śiva*. Aquí, uno encuentra que el universo entero es reflejado en su propia conciencia y que es reflejado desde el interior y no desde fuera*.

---

* *akiṁciccintakasyaiva guruṇā pratibodhataḥ* ।
*jāyate yaḥ samāveśaḥ śāmbhavo 'sāvudīritaḥ* ।
*Mālinīvijayottaratantram*; II; v. 23.

*Śāmbhavopāya* es llamado *icchopāya* porque se origina a partir de *icchā śakti*, y porque es aquel medio que existe en el estado de la intención. En *śāmbhavopāya* no hay medios para viajar. Es la intención. No hay ningún lugar para ir. Debes residir únicamente en la intención. El resto es automático. Aquí, solo es necesaria la gracia de tu maestro. Debe tenerse en cuenta, sin embargo, que tú mismo debes llegar a este punto en el que resides en la intención, y esto lo llevas a cabo sosteniendo la continuidad de la falta de pensamientos. Hasta este punto, por lo tanto, todavía hay algo que hacer. Cuando solo resides en la intención, es entonces cuando te lleva la gracia de tu Señor. Debes llegar a ese estado en el que para ti solo tu maestro brilla. Esto significa que debes fundirte en la conciencia de tu maestro. En este estado, tú no existes: solo existe tu maestro. Para este *upāya*, los maestros seleccionan discípulos que están muy desarrollados en la conciencia. Hasta entonces, no serán aceptados por el maestro para este *upāya*. En este *upāya*, el maestro está más activo que el discípulo.

En nuestro Shaivismo de Cachemira decimos,

> *svamuktimātre kasyāpi yāvadviśvavimocane* |
> *pratibhodeti khadyotaratnatārendu sūryavat* | |
> *Tantraloka*: XIII: 159

> "Una luciérnaga brilla solo para sí misma, las joyas brillan no solo para sí mismas sino también para algunos otros, las estrellas brillan para aún más, la luna brilla para aún más, y el sol brilla para todo el universo. De la misma manera, aquel que está establecido en el estado *śāmbhavopāya* brilla como el sol del mediodía para todo el universo".

Así como la luciérnaga tiene suficiente luz para mostrar su propio cuerpo, hay yogines que se bastan solo a sí mismos; no pueden ayudar a nadie más. También hay yogines que, como las joyas, brillan para que su luz ilumine a aquellos que están cerca. Los yogines que brillan como las estrellas iluminan aún más con su luz. Los que brillan como la luna iluminan aún más. Pero el *yogī* shaivita, establecido en *śāmbhavopāya*, es como el sol: ilumina todo el universo.

### *Śāktopāya*

*Śāktopāya* es aquel *upāya* que funciona por medio de energías. *Śāktopāya* es llamado *jñānopāya*, porque es el medio que se origina desde *jñāna śakti*, la energía del conocimiento. En este caso, el aspirante es más importante que el maestro porque tiene que hacerse capaz de recibir la gracia del maestro. Debe trabajar para desarrollar una gran velocidad de conciencia, hasta que alcanza los "pies del maestro". Con esto no me refiero a los pies físicos del maestro. "Estar a los pies del maestro" significa llegar a aquel estado en el que el aspirante es capaz de recibir la gracia del maestro. Aquellos que llegan a ese estado se dice que están a los pies del maestro.

En *śāktopāya*, el *yogī* no tiene que recitar *mantras* o utilizar su respiración para estar conciente o concentrarse en algún punto en particular. Solo tiene que ver y concentrarse en ese Supremo Ser que se encuentra en dos acciones sin acciones. En el *Vijñāna Bhairava Tantra*, esto se llama centrado*.

En *śāktopāya*, el centrado puede practicarse entre todas las acciones y los pensamientos. En el centrado, el *yogī* debe desarrollar una gran velocidad de atención. Gran velocidad significa firmeza de la atención. La atención no debe volverse imprecisa. Si la atención del *yogī* pierde precisión, se verá forzado a salir de *śāktopāya* hacia el *upāya* más bajo, *āṇavopāya*. Perderá el derecho a hollar el

---

* *madhyaṁ samāśrayet. Vijñāna Bhairava Tantra*, verso 61

camino de *śāktopāya*. En su práctica, debe haber continuidad en el ciclo de su atención. Solo mediante el mantenimiento de una cadena ininterrumpida de atención será capaz de descubrir la realidad entre dos pensamientos o acciones. La práctica de centrado funciona entre dos acciones o dos pensamientos. Él puede centrar entre dos pensamientos o dos movimientos, entre un pensamiento y otro, entre la vigilia y el sueño, entre un paso y el siguiente, entre una respiración y la siguiente. Todas las acciones y los pensamientos son el marco adecuado para la práctica de *śāktopāya*. El *yogī śāktopāya* simplemente debe insertar atención continua en el centro de dos acciones o pensamientos cualesquiera. Si su atención es defectuosa y no es ininterrumpida, cae y entra en el *upāya* más bajo, *āṇavopāya*.

### *Āṇavopāya*

*Āṇavopāya* tiene que ver con *anu*, el alma individual. *Āṇavopāya* es aquel *upāya* que funciona por el proceso de concentrarse en *uccāra* (respiración), *karaṇa* (órganos de sensación), *dhyāna* (contemplación) y *sthāna prakalpanā* (concentrarse en un lugar determinado).

La palabra *uccāra* significa “respiración”, en realidad concentración en la respiración. La concentración en la respiración es el elemento esencial de la práctica de *cakrodaya*. En la práctica de *cakrodaya* tienes que seguir respirando profundamente y encontrar el punto, el centro entre las dos respiraciones, la inhalación y la exhalación. Este es el punto final, el punto de inicio, y también el centro de la duración de la respiración. En *cakrodaya*, sin embargo, predominan los puntos inicial y final de la duración de la respiración. Esto es *uccāra*, concentración en la respiración. Puede ser con o sin sonido.

*Karaṇa* significa “órgano” y, en particular, significa “órgano de los sentidos”. Concentrarse en *karaṇa* significa tener y mantener unidireccionalidad a través de la visión o cualquier otro órgano de los sentidos. En *karaṇa* predomina el sentido de la vista. Por ejemplo, al concentrarte en *karaṇa* a través del sentido de la vista, tienes que mirar a una cosa en particular. Debes seguir mirando sin pestañear. Debes mirar ese punto con atención ininterrumpida. Y cuando ese punto se desvanece, y debe hacerlo y se desvanecerá, cuando entras en esa inmensidad del centro, ese es el final. Si fueras a practicar concentración en *karaṇa* a través del sentido del oído, podrías escuchar algún sonido y seguir escuchando y repetir ese sonido una y otra vez. También puedes practicar concentrarte en un sabor o alguna sensación táctil en particular. En *karaṇa* puedes utilizar los cinco órganos de sensación, sin embargo, con los sentidos que no son la vista, debes ser consciente de dónde surge primero la sensación. Esta es la forma de *karaṇa* en *āṇavopāya* y, a largo plazo, esto crea unidireccionalidad.

La palabra *dhyāna* significa "contemplación". Es otro modo en *āṇavopāya*. *Dhyāna* es la contemplación en algún punto. Hay diferentes formas de *dhyāna*. Por ejemplo, estás practicando *dhyāna* cuando contemplas en el loto de tu corazón, o en el significado de algún *mantra** como el *mantra* "*so'ham*" o el *mantra* "*śiva*". Esta es una forma superior de *āṇavopāya* porque es contemplación sin ninguna figura, sin ninguna forma. Si fueras a contemplar al Señor Śiva como teniendo una figura particular, una forma particular, es una forma inferior de *āṇavopāya*. Es contemplación con forma.

Por lo tanto, en cualquier momento en la meditación en que tienes *mantra*, entonces tienes *dhyāna*. Y junto con *dhyāna*, también puedes ajustar *karaṇa* y *uccāra*, pero no al comienzo.

*Sthāna prakalpanā* significa concentración en un lugar en particular. La forma más elevada de *sthāna prakalpanā*, que es una práctica en el *āṇavopāya* más elevado, es aquella práctica en la

* Todos los *mantras* tienen significado.

que descubres que cada aspecto de la realidad se encuentra en el lapso de la respiración. Ves dónde residen los *devas*, dónde residen los *lokapālas*, dónde es la ubicación de la madrugada, dónde es la ubicación de la mañana, dónde es la ubicación del mediodía, dónde es la ubicación de la puesta del sol (*sandhyā*), dónde es la ubicación de la medianoche, dónde está ese lugar que es el momento cuando el sol se mueve hacia el lado norte, y dónde está ese lugar que es el momento cuando el sol se mueve hacia el sur. Estos son todos *sthāna prakalpanā*, y estos son los puntos particulares en los que tienes que concentrarte, y descubrir en el curso de tu respiración*. La práctica de *sthāna prakalpanā* es simplemente para ver la inmensidad del universo en un suspiro.

La segunda y más baja forma de *sthāna prakalpanā*, que es una práctica del *āṇavopāya* inferior, es cuando te concentras en diferentes puntos en el cuerpo. Estos lugares específicos para la concentración se dividen en tres.

Un lugar para la concentración es el entrecejo (*bhrūmadhya*).

El segundo lugar para la concentración es la boca de la garganta (*kaṇṭha kūpa*).

El tercer lugar para la concentración es el corazón (*hṛidaya*).

Todos estos procesos, *uccāra*, *karaṇa*, *dhyāna* y *sthāna prakalpanā*, son llamados los *upāyas* de *jīva*, los medios del individuo, y existen en *āṇavopāya*.

El medio que existe en el mundo de la dualidad es *āṇavopāya* y es conocido como *bhedopāya*.

El medio que existe en el mundo de la monodualidad, en el mundo en el que la dualidad y no dualidad existen juntas, es *śāktopāya* y es llamado *bhedābhedopāya*.

---

* En la práctica de *sthāna prakalpanā* hay puntos en la respiración en los que debes concentrarte. En la práctica de *uccāra* no hay necesidad de concentrarte en cada punto del pasaje de la respiración. En esta práctica, solo te concentras en un punto.

El medio que existe en el mundo del monismo puro (*abheda*) es *śāmbhavopāya* y es llamado *abhedopāya*.

*Śāmbhavopāya* también es llamado *icchopāya*, porque es el medio que existe en *icchā śakti*.

*Śāktopāya* también se llama *jñānopāya*, porque es el medio que existe en *jñāna śakti*.

*Āṇavopāya* también se llama *kriyopāya*, porque es el medio que se encuentra en *kriyā śakti*.

La diferencia entre *āṇavopāya*, *śāktopāya* y *śāmbhavopāya* es esta.

En *āṇavopāya*, la fuerza de tu conciencia es tal que debes tener el apoyo de todo como una ayuda para mantener y fortalecer tu conciencia. Aunque te concentras en el centro, debes tener el apoyo de dos cosas para concentrarte en ese centro.

En *śāktopāya*, tu conciencia se ha fortalecido en la medida en que solo necesitas un punto de soporte para tu concentración, y ese punto es el centro. En *śāktopāya* empiezas con el centro y luego te estableces en él.

En *śāmbhavopāya*, la fuerza de tu conciencia es tal que no necesitas apoyo. Ya resides en ello. No hay ningún lugar al cual ir, solo resides en tu propio punto. El resto es automático.

Es importante darse cuenta de que, aunque hay diferentes *upāyas*, todos ellos te llevan al estado de una conciencia trascendental. La diferencia entre estos *upāyas* es que *āṇavopāya* te llevará por un camino largo, *śāktopāya* por uno más corto y *śāmbhavopāya* por el camino más corto de todos. Aunque los caminos son diferentes, el punto a alcanzar es uno.

### *Anupāya*

Más allá de estos tres *upāyas*, *śāmbhavopāya*, *śāktopāya* y *āṇavopāya*, hay otro *upāya*. Aunque no es en realidad un *upāya*, sin embargo, es mencionado en el Shaivismo de Cachemira. Este *upāya* se llama *anupāya*. La palabra *anupāya* significa “no *upāya*”. La ausencia de pensamientos se llama *śāmbhavopāya*. La unidireccionalidad se llama *śāktopāya*. La concentración en y con el apoyo del *mantra*, la respiración y todos los demás elementos se denomina *āṇavopāya*. Por encima de todo esto está *anupāya*. En *anupāya*, el aspirante solo tiene que observar que no hay nada que hacer. Sé como eres. Si estás hablando, continúa hablando. Si estás sentado, continúa sentado. No hagas nada, solo reside en tu ser. Esta es la naturaleza de *anupāya*. *Anupāya* es atribuido a *ānanda śakti* de *Śiva* y también se llama *ānandopāya*.

# Capítulo seis

# La teoría del habla
## *Vāk*

Cuando el aspirante reside en el estado *śāmbhava*, en completa yo-idad universal (*pūrṇāhantā*), viaja por el reino de *vāk*, "el habla". Aquí, reside en el habla principal y suprema que se llama *parāvāk*. Y no solo este aspirante reside en ese estado de *parāvāk*, sino que también viaja en otros sonidos. Sale y entra. Tiene la capacidad de viajar de lo supremo a lo denso y de lo denso a lo supremo. Puede ascender y descender sin variar su conciencia. Su conciencia se mantendrá igual en todos los estados.

La palabra *parā* significa "supremo", y *parā vāk* es el "habla suprema". Es ese sonido sin sonido que reside en tu propia conciencia universal. Es el sonido supremo que no tiene sonido. Es la vida de los otros tres tipos de habla que componen el reino de la palabra: *paśyantī*, *madhyamā* y *vaikharī*, y sin embargo, no está en este reino del habla.

El propósito del aspirante en el reino del habla es viajar desde *paśyantī* a *madhyamā* y luego a *vaikharī*. En tu viaje no viajas a *parā* porque *parā* es supremo.

*Paśyantī vāk* es aquella habla que es sin diferenciación (*nirvikalpa*). Tomemos, por ejemplo, la percepción de un objeto, como un reloj. Cuando te fijas en este reloj, sientes que se trata de un reloj. Pero no vas tan lejos en tu percepción. Tienes que ver algo más, lo que viste antes de sentir que era un reloj. Antes de eso observaste algo blanco, no un reloj, solo algo blanco. Este es el estado que es parcialmente indiferenciado (*nirvikalpa*) y parcialmente diferenciado (*vikalpa*). Esto es moverse hacia el primer flujo de la percepción de lo que estás observando. En este momento de tu percepción, solo ves una sombra blanca. Ve más adelante en tu percepción. Verás que hay una cierta sensación de ver. No verás nada. Esto es *paśyantī vāk*. En este primer flujo de tu percepción, estabas observando, estabas mirando, pero no estabas viendo nada. Es solo después que viste un reloj. Este tipo de observación, que tiene lugar a nivel de *paśyantī vāk*, está en el estado de *nirvikalpa*.

*Paśyantī vāk* es aquel estado en que una persona está experimentando, observando el mundo, pero sin ver nada. Es solo pura sensación sin ninguna diferenciación (*vikalpa*), sin ningún pensamiento. En nuestra literatura shaivita, el estado de *paśyantī vāk* se describe como *śikharastha jñāna*. *Śikharastha jñāna* significa "conocer algo mientras estás situado en la parte superior". Por ejemplo, subes a la cima de una colina y ves debajo un pueblo entero. Cuando observas el pueblo, lo observas en su totalidad. No lo observas como un conjunto de entidades separadas, una por una, como "esto es un árbol, esto es un camino, esto es un automóvil, estas son personas que se mueven". Más bien, por lo general, ves el pueblo como un todo, sin diferenciación, como la percepción "se trata de la ciudad de Srinagar", "esta es la ciudad de Londres". Este tipo de percepción en la que percibes algo como un todo y no en partes distintas se denomina *śikharastha jñāna*. Esto es aquella visión que es sin pensamiento. Percibes y observas de la misma manera a nivel de *paśyantī vāk*[*].

* Un bebé experimenta el estado *nirvikalpa*, sin pensamientos. A medida que el bebé crece, sus experiencias son tanto *nirvikalpa* como *savikalpa*. Cuando envejece, solo experimenta el estado *savikalpa*. Aquí, en este estado de diferenciación, solo vocifera "Haz esto, haz esto, haz esto". Sin embargo, no hay fuerza al hacerlo. A fin de cuentas, se trata de un estado degradado para las almas individuales. Ha perdido el encanto de aquella supremidad. Para recuperar esa supremidad, uno debe obtener el estado *nirvikalpa* en este estado *savikalpa*. Es solo entonces que el estado *nirvikalpa* será permanente.

El siguiente estado del habla (*vāk*) se llama *madhyamā vāk*. *Madhyamā vāk* está entre el habla inferior, *vaikharī*, y la superior, *paśyantī*. Esta es la razón por la que se lo llama *madhyamā*, habla en el estado intermedio. *Madhyamā vāk* es ese estado de la mente donde solo resides en los pensamientos. Este estado es solo mental. Es sin letras, palabras o frases. Cuando estás dormido y soñando, resides en *madhyamā vāk*. Solo resides en la mente, no en la acción y, por lo tanto, estás desprovisto de sensación.

El tercer estado de expresión se llama *vaikharī vāk*. El término *vaikharī* significa "denso, grosero". Esta habla densa es el lenguaje corriente. Cuando utilizas *vaikharī vāk*, tienes que utilizar tu lengua y labios.

Estos tres estados del habla son, respectivamente, llamados el más sutil, sutil, y denso. El habla densa es *vaikharī vāk*, el habla sutil es *madhyamā vāk*, y el habla más sutil es *paśyantī vāk*. Cada estado del habla es en sí también denso (*sthūla*), sutil (*sūkṣmā*), y más sutil (*parā*). Por lo tanto, hay *paśyantī* densa, *paśyantī* sutil y *paśyantī* más sutil; *madhyamā* densa, *madhyamā* sutil y *madhyamā* más sutil, *vaikharī* densa, *vaikharī* sutil y *vaikharī* más sutil. En el Shaivismo, se indica la ubicación de estos diferentes refinamientos del sonido para la fácil comprensión del aspirante.

En primer lugar, voy a explicar *paśyantī* densa (*sthūla*), luego *madhyamā* densa, y luego *vaikharī* densa. A continuación, voy a explicar *paśyantī* sutil (*sūkṣmā*), *madhyamā* sutil y *vaikharī* sutil. Y, por último, voy a explicar *paśyantī* más sutil (*parā*), *madhyamā* más sutil, y *vaikharī* más sutil.

Cuando ejecutas un instrumento de cuerdas de metal, como un *sitār*, el sonido que es producido por este instrumento reside en *paśyantī* densa. Cuando uno se concentra en ese sonido que existe en *paśyantī* densa, debe entrar en *samādhi*, entrar en ese supremo Ser trascendental. De hecho, se dice en nuestro Shaivismo de Cachemira, que aquellos que no pueden entrar en su verdadera naturaleza mientras escuchan el sonido de un instrumento de cuerdas de metal no valen de nada. No tienen capacidad, ninguna habilidad para concentrarse. Ese sonido debe llevarte dentro, y lo hace, porque ese sonido es *paśyantī*, aunque sea *paśyantī* densa.

El sonido de *madhyamā* densa es producido por un instrumento de percusión cubierto por cuero. La concentración en esta *madhyamā* densa también es útil para llevar al aspirante dentro de su propia naturaleza real*.

La tercer habla, *vaikharī* densa, se dice que es todos los sonidos que se producen por la boca, a través del contacto de los labios y la lengua. En este estado del habla no es posible ninguna concentración. Nadie puede entrar en *samādhi* concentrándose en esta *vaikharī* densa excepto el aspirante que está residiendo en el estado *śāmbhava*. Él entra en *samādhi* a través del habla ordinaria. Esto, por lo tanto, también lo lleva a aquella conciencia suprema.

Para explicar *paśyantī* sutil (*sūkṣmā*), *madhyamā* sutil y *vaikharī* sutil, los combinaré y explicaré en conjunto, como se hace tradicionalmente en nuestro Shaivismo†. La predisposición en el pensamiento que (*ṣaḍajaṁ karomi*) "Voy a tocar este instrumento de cuerda", o la predisposición (*madhuraṁ vādayāmi*) "Voy a tocar este tambor", o la predisposición (*bruve vacaḥ*) "Voy a hablar contigo", es sutil. Este es el pensamiento que reside en la mente, en la conciencia, del pensador. Esto no es tanto un pensamiento como una predisposición a pensar este pensamiento. Es

* Aunque es más fácil entrar en *paśyantī* densa que en *madhyamā* densa, es más difícil residir en *paśyantī* densa que en *madhyamā* densa. No puedes residir con facilidad en *paśyantī* densa a menos que tengas la gracia del maestro.

† Abhinavagupta explica juntos estos tres estados de sonido sutil en el tercer capítulo de *Tantraloka*.

ese punto, esa predisposición, lo que viene primero a la mente. En estas tres predisposiciones a pensar un pensamiento, la predisposición "voy a tocar este instrumento de cuerda" es *paśyantī* sutil, la predisposición "tocaré este tambor" es *madhyamā* sutil, y la predisposición "voy a hablar contigo" es *vaikharī* sutil.

Cuando justo comienza la sensación del pensamiento "Voy a tocar este instrumento de cuerda", "Voy a tocar este tambor" o "Voy a hablar contigo", cuando apenas comienza a surgir, esa sensación, que está solo en el mundo sin pensamiento, es de lo más sutil. Es anterior al deseo.

Para aquellos aspirantes que residen en el estado *śāmbhava*, no hay restricciones de viajar solo en un *vāk* en particular. Pueden viajar en todos los estados de *vāk*, y sin embargo permanecer en el estado *śāmbhava*. El aspirante del estado *śāmbhava* puede viajar en *paśyantī* densa, *paśyantī* sutil y *paśyantī* más sutil, *madhyamā* densa, *madhyamā* sutil y *madhyamā* más sutil, *vaikharī* densa, *vaikharī* sutil y *vaikharī* más sutil, y aún así permanecer en su estado trascendental. Esta es la grandeza del estado *śāmbhava*.

El aspirante del estado *śākta*, que es aquel aspirante que ha adquirido conciencia trascendental a través de la adopción del medio de *śāktopāya*, para él solo hay dos movimientos del habla en que puede viajar, sutil y más sutil. Si trata de viajar en el movimiento de habla densa, se dispersará; se desviará de su realidad.

Aquellos aspirantes que se encuentren en el estado de *āṇavopāya* solo pueden utilizar el movimiento denso del habla, porque no tienen la experiencia de los estados del habla sutil o más sutil. Deben, por lo tanto, inicialmente practicar en el estado denso del habla. A la larga, su concentración en esa habla densa finalmente los llevará a *śāktopāya*, donde entonces residirán en su propia naturaleza.

# Capítulo siete

## Las tres impurezas
*Malas*

En nuestro sistema shaiva hay tres *malas* o impurezas. Estos *malas* residen en *māyā*. No residen en *svātantrya śakti*. Aunque *svātantrya śakti* y *māyā* son uno, sin embargo, son diferentes en el sentido en que *svātantrya śakti* es aquel estado de la energía que puede producir el poder de descender y ascender de nuevo, ambos a voluntad, mientras que *māyā* solo te dará la fuerza para descender y no la capacidad de ascender de nuevo. Una vez que has descendido, no puedes ascender de nuevo. Esta es la realidad del estado de *māyā*. Te ata.

*Māyā śakti* es aquella energía universal que pertenece al ser individual, al alma individual. Y cuando esa misma energía universal pertenece al ser universal, se llama *svātantrya śakti*. *Svātantrya śakti* es energía universal pura. La energía universal impura es *māyā*. Es solo la formación la que cambia a través de una diferencia de visión. Cuando experimentas a *svātantrya śakti* de una manera falaz, se vuelve *māyā śakti* para ti. Y cuando te das cuenta de la misma *māyā śakti* en la Realidad, entonces esa *māyā śakti* se vuelve *svātantrya śakti* para ti. Por lo tanto, *svātantrya śakti* y *māyā śakti* son en realidad solo una, y las tres impurezas (*malas*), que serán explicadas aquí, residen en *māyā śakti*, no en *svātantrya śakti*.

Las tres impurezas (*malas*) son densa (*sthūla*), sutil (*sūkṣma*) y más sutil (*para*). La impureza densa se llama *kārma mala*. Está conectada con las acciones. Es aquella impureza que inserta impresiones en la conciencia del ser individual, como las que se expresan en las declaraciones: "Yo estoy feliz, yo no estoy bien, yo tengo dolor, yo soy un gran hombre, yo soy muy afortunado". Esta impureza de acción (*kārma mala*) es *śubhāsubhavāsanā*, las impresiones de placer y dolor. Y estas impresiones de placer y dolor en realidad permanecen en tu conciencia individual*.

La siguiente impureza se llama *māyīya mala*. Esta impureza crea diferenciación en la propia conciencia. Es la impureza de la ignorancia (*avidyā*), la impureza sutil. Los pensamientos "Esta casa es mía, esa casa no es mía, ese hombre es mi amigo, ese hombre es mi enemigo; ella es mi esposa, ella no es mi esposa", son todos creados por *māyīya mala*. *Māyīya mala* crea dualidad. *Māyīya mala* es *bhinnavedyaprathā*, la sensación de que yo y los otros somos diferentes. Sientes que lo que tienes es diferente de lo que los otros tienen, que algunas cosas son tuyas y otras cosas no lo son. Esta es la impureza que hace que el Señor Śiva aparezca como muchos y no como uno.

La tercera impureza se llama *āṇava mala*. Es la impureza más sutil. *Āṇava mala* es la impureza interna particular del individuo. Aunque alcance el estado más próximo de la conciencia de Śiva, no tiene la capacidad de sostenerse en ese estado. Esa incapacidad es creación de *āṇava mala*. Por ejemplo, si eres consciente de tu propia naturaleza y luego esa conciencia se desvanece, y se desvanece rápidamente, este desvanecimiento es causado por *āṇava mala*.

*Āṇava mala* es *apūrṇatā*, no plenitud. Es la sensación de estar incompleto. Debido a esta impureza, te sientes incompleto en

* Un aspirante que residiera en el estado más elevado, *anupāya*, o en estado *śāmbhava* no tendría *malas*. Si se lastimara no sentiría dolor del modo en que lo haría un individuo ligado y limitado. En cambio, tendría una sensación de conciencia, sin estar apegado a esa sensación. Lo llevaría hacia adentro, a su propio Ser.

todos los sentidos. A causa de este sentimiento, creas *abhilāṣā*, el deseo de completarte. Como sientes que no estás completo, deseas volverte completo. Por ejemplo, si deseo alguna cosa en particular, eso significa que siento que no tengo esta cosa. Este sentimiento, que no dispones de esta cosa, es causado por *āṇava mala*.

Aunque te sientes incompleto, a sabiendas de que hay cierta carencia en ti, no sabes qué es esta carencia en realidad. Quieres tenerlo todo, y sin embargo, no importa qué tengas, no satisfaces tu sentido de carencia, tu hueco. No puedes llenar esta carencia a menos que el maestro te la señale y luego te lleve a ese punto.

De estas tres impurezas, *āṇava mala* y *māyīya mala* no están en la acción; solo se encuentran en la percepción, en la experiencia. Es *kārma mala* la que está en la acción.

# Capítulo ocho

## Los siete estados de los siete perceptores
*Pramātṛin*

Ahora tratemos los siete estados de los siete *pramātṛins* (perceptores) y su importancia.

El primer estado se llama *sakala*. El estado *sakala* es aquel estado en que la percepción tiene lugar en el mundo objetivo y no en el mundo subjetivo. En otras palabras, llamaría a este estado el estado de *prameya*, el estado del objeto de percepción. Es realizado por su *pramātṛi*, el observador que reside en este estado, en el campo de la objetividad y su mundo.

El segundo estado se llama *pralayākala*. Este es el estado de la negación, en el que el mundo entero es negado. Aquel que reside en este mundo de negación es llamado *pralayākala pramātṛi*, el observador del estado *pralayākala*. Este *pramātṛi*, este perceptor, no experimenta el estado de este vacío porque en realidad es el estado de falta de conciencia. Este estado sería observado en el momento de *mūrcchā*, cuando uno está en estado de coma, que es como un sueño antinatural y pesado, como el sueño profundo carente de sueños. Y el observador, *pralayākala pramātṛi*, reside en esa falta de conciencia vacía.

Estos dos estados funcionan en el estado de la individualidad, no en el estado de tu verdadera naturaleza. Estos son estados de la gente mundana, no de los aspirantes espirituales.

El tercer estado se llama *vijñānākala* y el perceptor de este estado se llama *vijñānākala pramātṛi*. Este estado es experimentado por aquellos que están en el camino del *yoga*. Aquí el *yogī* experimenta la conciencia a veces, pero esta conciencia no es conciencia activa, y en otras ocasiones su conciencia está activa pero él no es consciente de esa conciencia activa*. Este *vijñānākala pramātṛi*, por lo tanto, tiene lugar de dos maneras: a veces está lleno de acción (*svātantrya*) sin conciencia, y a veces está lleno de conciencia sin acción†.

En el primer estado, el estado de *sakala pramātṛi*, los tres *malas -āṇava, māyīya* y *kārma mala-* están activos.

En el segundo estado, el estado de *pralayākala pramātṛi*, el *kārma mala* se ha ido y solo quedan dos *malas*, *āṇava mala* y *māyīya mala*. Estos dos *malas* tienen que ver con el pensamiento más que con la acción, mientras que *kārma mala* tiene que ver con la acción.

En el tercer estado de perceptores, el estado de *vijñānākala pramātṛi*, solo queda un *mala*, *āṇava mala*, mientras que los otros dos *malas*, *māyīya mala* y *kārma mala*, han dejado de funcionar.

El cuarto estado del observador se llama *śuddhavidyā* y su observador se llama *mantra*‡ *pramātṛi*. En este estado, el observador es siempre consciente con *svātantrya*. Todos los *malas* han sido eliminados y su observador solo observa el estado de su propio Ser, su propia naturaleza Real, pleno de conciencia, pleno de dicha, pleno de voluntad independiente, pleno de conocimiento y

* *svātantryāhānirbodhasya svātantrasyāpyabodhatā*
(*dvidhāṇavaṁ malamidaṁ svasvarūpāpahānitaḥ*)
*Īśvarapratyābhijñā Kārikā* III.2.4
"*Āṇava mala* es doble. Es la causa de la ignorancia del libre albedrío y también es la causa de la pérdida del libre albedrío. Por lo tanto, lo lleva a uno fuera de su propio Ser verdadero".

† Estar pleno de conciencia es *jñānapūrṇa*, pleno de conocimiento. Estar pleno de acción es *svātantrya*, pleno de independencia absoluta.

‡ El significado de la palabra *mantra*, en el sentido en que es usada aquí, se encuentra en las raíces que la componen, *manana* y *trāṇa*. *Manana* significa "conciencia, poseyendo conocimiento completo". *Trāṇa* significa "protección completa, protección por los cuatro costados, aquella protección que protege a todo el ignorante mundo de la ignorancia". Por lo tanto, *mantra* es aquel conocimiento por medio del cual estamos protegidos.

pleno de acción. Por lo tanto, este estado, aunque no es un estado estable, es el verdadero estado de Śiva. El *mantra* para este estado es *ahaṁ-ahaṁ, idaṁ-idaṁ*. El significado de la primera sección de este *mantra*, *ahaṁ-ahaṁ*, es que en este estado el *yogī* experimenta que él es la realidad, la naturaleza Real del Ser, la Verdad de todo este universo. El significado de la segunda sección de este *mantra*, *idaṁ-idaṁ*, nos dice, por otra parte, que también experimenta que este universo es falso, que es irreal. Debido a que este estado no es estable, el *yogī* no siempre permanece en este estado. La experiencia viene y va. A veces experimenta este estado y a veces no lo experimenta. A veces solo experimenta *ahaṁ-ahaṁ*. A veces, cuando su conciencia está un poco dañada, solo experimenta *idaṁ-idaṁ*. Por lo tanto, su realidad del Ser sigue siendo inestable e incierta.

El siguiente estado se llama *īśvara* y su observador se llama *mantreśvara pramātṛi*. La palabra *mantreśvara* significa "el que tiene soberanía sobre el *mantra* (*ahaṁ* - yo)". Este estado es como aquel de *mantra pramātṛi*, pleno de conciencia, pleno de dicha, pleno de voluntad, pleno de conocimiento y pleno de acción; sin embargo, este es un estado más estable. Aquí, el aspirante encuentra más estabilidad. El *mantra* para este estado es *idaṁ ahaṁ*. El significado de este *mantra* es que el aspirante siente que todo este universo no es falso; por el contrario, siente que todo el universo es la expansión de su propia naturaleza. En el estado de *mantra pramātṛi*, sintió que el universo era falso, que él era la verdad de esta realidad. Ahora une el estado del universo con el estado de su propia conciencia. Esto es en realidad la unificación de *jīva*, el individuo, con *Śiva*, lo universal.

El siguiente estado es el estado de *sadāśiva*. El observador de este estado se llama *mantra maheśvara*. En este estado, el observador se encuentra siendo absolutamente uno con el Ser Universal Trascendental. Experimenta este estado como más válido, más sólido y digno de confianza. Una vez que entra en este estado, no hay posibilidades de caer de él. Este es el estado establecido de su Ser, su propia naturaleza Real. El *mantra* de este estado es *ahaṁ-idaṁ*. El significado de este *mantra* es: "Yo soy este universo". Aquí, encuentra su Ser en el universo, mientras que en el estado anterior de *mantreśvara* encontró el universo en su Ser. Esta es la diferencia.

El séptimo y último estado es el estado de Śiva, y el observador de este estado no es otro que el mismo Śiva. En los otros seis, el estado es una cosa y el observador es otra cosa diferente. En este último estado, el estado es Śiva y el observador también es Śiva. No hay nada fuera de Śiva. El *mantra* en este estado es *ahaṁ*, yo universal. La esto-idad se ha ido, fundida en la yo-idad. Este estado está completamente pleno de conciencia, dicha, voluntad, conocimiento y acción.

El lector debe saber que en estos siete estados de siete *pramātṛins*, hay siete *pramātṛi śaktis*. Estas son las energías de los siete *pramātṛins*.

La primera energía, por la cual uno es capaz de residir en los tres *malas* y por lo tanto permanece en el estado de *sakala*, se llama *sakala pramātṛi śakti*.

La segunda energía, que hace que uno sea capaz de residir en la falta de conciencia, en la vacuidad (*śūnya*), se llama *pralayākala pramātṛi śakti*.

La tercera energía, que permite que uno se ubique en el estado de *vijñānākala*, donde solo *āṇava mala* está activo, se llama *vijñānākala pramātṛi śakti*.

La cuarta energía, que hace posible que uno resida en el estado de *ahaṁ-ahaṁ*, *idaṁ-idaṁ* en el estado de *mantrapramātṛi*, que es el estado de *śuddhavidyā*, se llama *mantra pramātṛi śakti*. En este estado, todos los *malas* se han desvanecido por completo.

La quinta energía, que te lleva en el estado de *mantreśvara* y se llama *mantreśvara pramātṛi śakti*, es la energía que se encuentra en el estado de *īśvara*.

La sexta energía, que conduce al *yogī* al estado de *sadāśiva*, el estado de *mantra maheśvara*, se llama *mantra maheśvara śakti* y lleva al aspirante a la percepción de *ahaṁ-idaṁ*, donde encuentra a su yo-idad en el universo.

La séptima energía es el estado de aquella energía de Śiva. Esta energía fortalece el estado que ya está establecido en el estado de Suprema yo-idad, el estado del "Yo" universal y transcendental. Esta energía se llama *śiva pramātṛi śakti*.

Es por esta razón que en el *Mālinī Vijaya Tantram* se describe por completo el propósito de estos siete estados para beneficio del aspirante. Esta descripción se denomina *pañcadaśavidhiḥ*, el modo de pensar de quince partes para elevarse y volver, para ascender y descender. Esto significa que la teoría de los siete *pramātṛins* y sus siete energías no es solo para ascender, sino también para descender. El aspirante debe ser capaz tanto de ascender como de descender. Aquel que asciende y no puede descender está incompleto. Se considera completo y pleno al aspirante que puede simultáneamente elevarse y descender.

Así que, en conclusión, el estado de *Śiva* es en realidad ese estado donde *Śiva* puede elevarse o descender, y después de descender, puede elevarse de nuevo. Por otro lado, el estado de individualidad es ese estado donde *Śiva* desciende desde el estado de *Śiva* al estado de la individualidad y luego, habiendo descendido, no puede ascender de nuevo. Esta es la diferencia entre la realidad de *Śiva* y la realidad del individuo.

# Capítulo nueve

## Los siete procesos de los siete perceptores *Pramātṛin*

Al considerar los siete estados de los siete *pramātṛins*, es importante que sepas dónde existen estos diferentes estados.

El estado *sakala* se dice que existe desde *pṛithvī tattva*, el elemento tierra, hasta el *puruṣa tattva*. Es decir, todos los *tattvas* existentes desde *pṛithvī tattva*, hasta e incluyendo *puruṣa tattva*, están establecidos en el estado *sakala pramātṛi*.

El estado *pralayākala* se dice que existe en *māyā tattva*. *Māyā tattva* es simplemente vacío, espacio. Hay dos *malas*, *āṇava mala* y *māyīya mala*, contenidos en *māyā tattva*. En *māyā tattva*, *kārma mala* está disminuido, existente en este momento solo en forma de semilla. Por lo tanto, en el estado de *pralayākala*, un *mala*, *kārma mala*, se ha vuelto inactivo y, desde el punto de vista del experimentador, ha desaparecido. *Āṇava* y *māyīya mala*, sin embargo, permanecen y están activos.

Entre *māyā tattva* y *śuddhavidyā tattva* hay una gran brecha que no ha sido incluida en la clase de los *tattvas*. Este semi *tattva* se llama *mahāmāyā tattva*, a pesar de que no es en realidad un *tattva*. Este *tattva* solo causa disolución, bajando y bajando. En *mahāmāyā tattva* se encuentra la existencia de *vijñānākala*.

En *śuddhavidyā tattva* encuentras el estado de *mantra pramātā*, que también se llama *śuddhavidyā pramātṛi*.

En *īśvara tattva* encuentras el estado de *mantreśvara pramātṛi*, que también se llama *īśvara pramātā*.

Y en *sadāśiva tattva* experimentas el estado de *mantra maheśvara pramātṛi*.

En los seis estados antedichos, encontrarás que tanto el estado como el poseedor del estado, el estado y el experimentador de ese estado, existen juntos al mismo tiempo. Ambos brillan al mismo tiempo. En el séptimo estado, sin embargo, el estado de *śiva pramātṛi*, ni el experimentador (*pramātṛi*) ni el objeto de la experiencia (*prameya*), el estado o el poseedor del estado, se encuentran separados. Aquí, *Śiva* es el estado y *Śiva* es también el poseedor del estado. En el estado de *śiva pramātṛi*, el observador y lo observado son uno. Por lo tanto, todos los treinta y seis *tattvas* se encuentran en los estados de los siete *pramātṛins*.

El proceso de quince partes (*pañcadaśavidhiḥ*) nos enseña cómo elevarnos desde el estado más bajo de la objetividad y entrar en la conciencia subjetiva. Este proceso de quince partes está compuesto por siete *pramātṛins*, siete *pramātṛi śaktis* (energías) y, décimo quinto, el objeto. En este proceso, comenzamos con la objetividad en el estado de *sakala pramātṛi*. Por ejemplo, toma cualquier forma que es creada con el elemento tierra, como una vasija de barro. Mira la vasija, sigue mirándola, viéndola. La vasija es el objeto que estamos percibiendo. Esto es objetividad en el estado de *sakala pramātṛi*. En el momento en que estás percibiendo la vasija, olvidas el estado de observador, aquel que está observando esta vasija. En el momento en que percibes la vasija, tú mismo te conviertes en la vasija. Estás completamente inconsciente de tu propia conciencia. Este es el estado de *svarūpa*, el decimoquinto, objetividad completa. Aquí, el estado subjetivo se ha fusionado con el estado objetivo. Esta es la objetividad completa en el estado *sakala*. Este es el punto de partida en el proceso de quince partes de elevarse. Es desde aquí donde debes empezar, poco a poco, a desarrollar tu conciencia. Mientras percibes la vasija, desarrollas conciencia de perceptor y allí encontrarás el estado de *sakala pramātṛi*. El medio por el cual percibes este estado se llama *sakala pramātṛi śakti*, la energía de *sakala pramātṛi*.

Luego, continuando con el proceso de elevarse que consta de quince partes, también debes elevarte desde este estado de *sakala pramātṛi* y entrar en ese estado en el que estás plenamente consciente de ti mismo como el perceptor. En este estado, el elemento objetivo, la vasija, se ha ido y solo permaneces tú, el perceptor. En este estado del que percibe, con el fin de seguir ascendiendo, ahora también debes quitar la idea del perceptor. Junto con la idea de ser el perceptor, en el fondo, también existe lo percibido. Cuando existe el perceptor, lo percibido también se encuentra en el fondo, no vívidamente, pero está ahí. Debemos, por lo tanto, también elevarnos del estado del perceptor. Y al elevarnos del estado del perceptor al estado del super perceptor, caes en el vacío. Este vacío es el estado de *pralayākala** *pramātṛi*. Este estado de *pralayākala* es vacío absoluto.

Cuando estás en el estado de *pralayākala*, es casi seguro que perderás la conciencia. Cuando te encuentras en el estado de *pralayākala y* no pierdes la conciencia de tu Ser, entonces estás en el estado de *vijñānākala pramātṛi*.

Desde el estado de *vijñānākala pramātṛi*, eres llevado automáticamente a *mantra pramātṛi*, luego a *mantreśvara pramātṛi*, luego a *mantramaheśvara pramātṛi* y, por último, al estado de *Śiva*. Debes esforzarte solo hasta el cruce de *māyā*. *Māyā* es la frontera. Una vez cruzada *māyā*, que es el estado de *pralayākala*, entonces todo es automático, todo está resuelto†.

* La palabra sánscrita *kala* significa "sensación". La palabra sánscrita *sakala*, por lo tanto, significa "con sensación", y la palabra sánscrita *pralayākala* significa "disolución" o "ausencia" de sensación.

† Es la Gracia de Dios la que te lleva desde el punto más bajo al punto más elevado. Eres llevado automáticamente después de cruzar el límite de *māyā*; sin embargo, Su Gracia ha estado contigo a lo largo de todo tu viaje. Su Gracia siempre está allí, en el fondo, ya que si no estuviera allí no podrías hacer nada.

Esta es la realidad de *pañcadaśavidhiḥ*, el proceso de elevarse que consta de quince partes. Este proceso puede y debe llevarse a cabo en cada uno de los campos, el campo subjetivo, el campo cognitivo y el campo objetivo, desde *pṛithvī tattva*, el elemento tierra, a *puruṣa tattva*. Puedes llevar a cabo este proceso solo en *pṛithvī tattva* y todos los procesos estarán completos, o puedes llevar a cabo este proceso en los órganos y todos los procesos estarán completos. Puedes llevar a cabo este proceso en cualquiera de los *tattvas* desde *pṛithvī* a *puruṣa tattva*.

El siguiente proceso que debes llevar a cabo se llama *trayodaśavidhiḥ*. La palabra sánscrita *trayodaśavidhiḥ* significa "proceso de trece partes". El proceso de trece partes incluye seis *pramātṛins*, seis energías *pramātṛi* y el objeto. Este proceso de trece partes solo puede ser accedido cuando has dominado el proceso de quince partes. El objeto de este proceso de trece partes en el que tienes que actuar y desde el cual debes elevarte es *sakala pramātṛi*, incluyendo su energía. Y el observador de este proceso es *pralayākala pramātṛi*, y el medio por el cual observa *sakala pramātṛi* es *pralayākala śakti*. En primer lugar, tienes que elevarte desde un ser existente a ningún ser. Luego viajas. El perceptor debe percibir la dualidad que es el ser individual en el vacío sin ningún pensamiento. Y cuando esa percepción ya no es más vacío, entonces será todo conciencia. Este es el estado de *vijñānākala pramātṛi*. Desde este estado, te elevas automáticamente a *mantra pramātṛi*, *mantreśvara pramātṛi*, *mantra maheśvara pramātṛi*, y finalmente, a *śiva pramātṛi*. Este es el proceso de trece partes tal como se explica en el *Mālinī Vijaya Tantra*. Este proceso es para los yogines altamente calificados.

El proceso de quince partes y el proceso de trece partes se diferencian en que en el proceso de quince partes tienes que elevarte desde la objetividad al Ser Universal, mientras que en el proceso de trece partes, no tienes nada que ver con el mundo objetivo. En el proceso de trece partes tienes que elevarte desde la individualidad, desde el ser individual, al Ser Universal. En el proceso de quince partes, una vez que has alcanzado el estado del Ser Universal, el proceso se ha completado y, a continuación, tienes que continuar con el proceso de trece partes.

Una vez que hayas completado el proceso de trece partes, entonces debes comenzar *ekadaśavidhiḥ*, el proceso de once partes. El proceso de once partes incluye cinco *pramātṛins*, cinco energías *pramātṛi* y el objeto desde el que tienes que elevarte. En este proceso, el objeto es el estado de *pralayākala pramātṛi*, total y absoluta vacuidad. En este proceso, entonces, tienes que elevarte de la vacuidad. Cuando tienes la capacidad de elevarte de la vacuidad, eres más grande. Debes ser muy sutil para ser capaz de elevarte de la vacuidad. Es absolutamente imposible para *sakala pramātṛi* elevarse de la vacuidad. Es fácil elevarse de la objetividad o de las cosas sutiles, pero es muy difícil elevarse de la vacuidad.

A pesar de que has alcanzado el Ser Universal en el proceso de elevarse de quince partes, no tienes la capacidad de mantener ese estado universal. El propósito del funcionamiento de estos procesos cada vez más difíciles es fortalecer tu capacidad de elevarte, para que puedas mantener esa capacidad y nunca caigas del estado del Ser Universal.

Cuando, en el proceso de once partes, haces a *pralayākala pramātṛi* el objeto y el punto de partida de este proceso, entonces el perceptor será *vijñānākala pramātṛi*. Viajará automáticamente desde *vijñānākala pramātṛi* a *mantra pramātṛi*, *mantreśvara pramātṛi*, *mantra maheśvara pramātṛi*, y finalmente, a *Śiva pramātṛi*.

Después de completar el proceso de once partes hay que empezar *navātmavidhiḥ*, el proceso de nueve partes. Este proceso incluye cuatro *pramātṛins*, cuatro energías *pramātṛi* y el objeto. En este proceso, *vijñānākala pramātṛi* es el objeto y el perceptor es *mantra pramātṛi*. Desde *mantra pramātṛi*, la elevación ocurrirá de forma automática y te elevarás a *mantreśvara pramātṛi*, *mantra maheśvara pramātṛi* y *śiva pramātṛi*. Este proceso es completamente automático, no hay nada que hacer. En todos los procesos anteriores, el proceso de quince partes, el proceso de trece partes, e incluso en el proceso de once partes, *māyā* está presente, en mayor o menor medida. En el proceso nueve partes, *māyā* ha desaparecido por completo. Este y los siguientes procesos solo tienen que ser hechos una vez. Son completamente automáticos. Son hechos solo para fortalecer tu conciencia. Querrás que tu conciencia esté absolutamente fortalecida cuando llegues al estado de *Śiva*.

Después de completar este proceso de nueve partes, debes comenzar *saptatattvātmavidhiḥ*, el proceso de siete partes. Esto incluye tres *pramātṛins*, tres *pramātṛi śaktis* y el objeto. El objeto de este proceso es *mantra pramātṛi* (*śuddhavidyā*) y el observador es *mantreśvara*. Viajarás automáticamente desde el estado *mantreśvara* a *mantra maheśvara* y luego a *śiva pramātṛi*.

A continuación, debes emprender *pañcatattvātmavidhiḥ*, el proceso de cinco partes. Aquí, hay dos *pramātṛins*, dos *pramātṛi śaktis* y el objeto. El objeto es *mantreśvara* (*īśvara*) y el perceptor es *mantra maheśvara pramātṛi*. Viajarás automáticamente desde *mantra maheśvara pramātṛi* a *śiva pramātṛi*.

El proceso final que debes experimentar es *tritattvātmavidhiḥ*, el proceso de tres partes. El objeto de este proceso es *mantra maheśvara pramātṛi* (*sadāśiva*). En este caso, el perceptor y la energía de la percepción es solo uno y eso es *Śiva*.

Este es el último proceso, porque aquí hay solo un ser objetivo y un ser subjetivo. *Sadāśiva* es el objeto y el perceptor es *Śiva*. *Śiva sākṣāt na bhidyate*, "Al realizar a *Śiva*, no permanece ningún otro proceso". No existe un proceso de una sola parte. Cuando percibes el estado de *sadāśiva* como el objeto, estás en el estado de *Śiva*.

No puede ocurrir más elevación. No hay adónde más elevarse. Te conviertes automáticamente en aquel Ser Uno Universal ubicado en ese estado de *Śiva* como observado y observador. Aquí, te elevas de *Śiva* a *Śiva*, de ser trascendental a ser trascendental. Este estado es completamente pleno. Aquí, la esto-idad se encuentra en *Śiva* y *Śiva* se encuentra en la esto-idad. Se dice:

*abhedebhedanaṁ bhedite ca*
*antarānusaṁdhānena abhedanam* | |

"Ve la dualidad en la unidad y la unidad en la dualidad".

Este es el estado real del Shaivismo, en el que te das cuenta de que el punto desde el cual tienes que comenzar es el punto final, que la existencia de *Śiva* es la misma en el punto de partida y en el punto final. No hay realmente ningún lugar al cual ir y nada que hacer. Es para la obtención de esta realidad de la Unidad Universal que se nos enseña *pañcadaśavidhiḥ*, el proceso de quince partes, en el *Mālinī Vijaya Tantra*.

# Capítulo diez

## Los cinco grandes actos del Señor Śiva
## *Pañcakṛityavidhiḥ*
## incluyendo su gracia (*Śaktipāta*)

Los cinco grandes actos del Señor Śiva son:

*ṣṛiṣṭi*, el acto creativo;
*sthiti*, el acto de protección;
*saṁhāra*, el acto destructivo;
*tirodhāna*, el acto de envolver o esconder Su naturaleza; y
*anugraha*, el acto de despliegue o revelación de Su naturaleza.

Cada uno de estos actos también es llevado a cabo por el alma individual. En el caso de la persona, sin embargo, no son llamados actos sino "acciones", ya que este tipo de acto depende de la voluntad de Dios, no de la voluntad del ser individual. El ser individual no actúa de acuerdo a su propia voluntad: no puede. Depende de la voluntad de Dios, del Señor Śiva. Solo Dios es completamente independiente. Hay una diferencia, por lo tanto, entre "acción" y "acto". La acción es atribuida al alma individual y el acto es atribuido al Señor Śiva.

Si crees que como el alma individual no realiza actos sino solo acciones y no tiene libertad, por lo tanto, no es responsable de sus acciones, estás equivocado. El individuo limitado es responsable de sus acciones. Tiene ego y siente que es él quien está actuando. Cuando siente que es él quien está actuando, entonces él es responsable de sus acciones. Solo no sería responsable de sus acciones si sintiera que el Señor Śiva es realmente el actor, que es el Señor Śiva quien actúa, y no él mismo. Pero entonces, por supuesto, no podría hacer nada malo.

En el reino de la espiritualidad, el Señor Śiva crea maestros y discípulos a través de Su quinto acto, el acto de la gracia (*anugraha*). Esta gracia tiene nueve aspectos y, por lo tanto, Él crea maestros y discípulos en nueve formas diferentes.

El primero y más alto nivel de la gracia se llama *tīvratīvra śaktipāta*. *Tīvratīvra śaktipāta* significa "gracia súper suprema". Cuando el Señor Śiva otorga gracia súper suprema a una persona, entonces esa persona se vuelve perfectamente autorreconocida. Él conoce su verdadera naturaleza por completo y a la perfección. Al mismo tiempo, sin embargo, este tipo de gracia intensa no puede ser resistida por su cuerpo, por lo que desecha su cuerpo y muere. Esta persona se convierte en un maestro; sin embargo, lleva a cabo el acto de su maestría en secreto en los corazones meritorios de los discípulos. Él no es visible en este mundo. Solo aquellos que son merecedores experimentan su existencia sutil.

La segunda intensidad de la gracia se llama *tīvramadhya śaktipāta*. Esta es la "gracia media suprema". El efecto de esta gracia del Señor Śiva es que el receptor se vuelve completa y perfectamente iluminado, pero no deja su cuerpo. Se dice que es un *prātibha guru*, es decir, un maestro que está hecho no por la iniciación de otro maestro, sino por sí mismo, por su propia gracia. Experimenta iluminación espontánea. Estos maestros excepcionales viven en este mundo con sus cuerpos físicos para la elevación de la humanidad.

La tercera intensidad de la gracia se llama *tīvramanda śaktipāta*, que significa "gracia suprema inferior". En aquel que ha recibido esta gracia aparece el deseo de ir a los pies de un maestro espiritual. Y el maestro que encuentra ha recibido la segunda intensidad de la gracia, *tīvramadhya śaktipāta*. Este maestro es perfecto. Es omnisciente. No hay diferencia entre este maestro y *Śiva*. El maestro no lo inicia, más bien, simplemente lo toca con su mano divina, o lo mira o abraza, y en ese mismo momento el discípulo, que es un recipiente de la gracia media suprema, trasciende perfectamente la individualidad y entra en ese estado trascendental supremo, sin necesidad de practicar *japa* (recitación), *dhyāna* (contemplación), etc. A pesar de que todavía experimenta placer y dolor en su cuerpo físico, no le afecta, ya que su ser se ha vuelto supremo.

Esta intensidad excepcional de la gracia es conocida como *Rudra śakti-samāveśaḥ*. Aquel maestro que la ha recibido se llama *Rudra śakti-samāviṣṭaḥ*, porque ha entrado completamente en el trance de *Rudra śakti*, la energía de *Śiva*. Exhibe cinco signos que pueden ser observados por otros.

El primer signo es su intenso amor por el Señor Śiva.

El segundo signo es que cada vez que recita cualquier *mantra*, la *devatā* (deidad) de ese *mantra* aparece al instante sin que tenga que esperar. Esto se llama *mantrasiddhiḥ*.

El tercer signo que se puede observar es que tiene control sobre los cinco elementos.

El cuarto signo es que cualquier trabajo que comienza, lo completa sin defecto.

El quinto signo es que, o bien es un maestro de todas las escrituras o se vuelve un gran poeta.

El Señor Śiva, a través de estas tres intensidades supremas de gracia, crea maestros en el reino de la espiritualidad. Con intensidades menores de gracia, el Señor Śiva crea dignos discípulos.

La cuarta intensidad de la gracia se llama *madhyatīvra śaktipāta*. Esto es "gracia media suprema". A través del efecto de esta intensidad de la gracia, el discípulo llega a los pies de aquel maestro que es absolutamente perfecto. Pero debido a que la base establecida en la mente de aquel discípulo no es completamente perfecta, el simple contacto o mirada de este maestro perfecto no llevará a este discípulo a la iluminación. El maestro, por lo tanto, inicia a este discípulo de la manera correcta, dándole un *mantra* y enseñándole la manera correcta de avanzar. A través de esta iniciación el discípulo se ilumina, pero durante el período de la existencia de su cuerpo físico, no está completamente satisfecho con esta iluminación. Cuando deja su cuerpo físico en el momento de su muerte, sin embargo, obtiene resultados completamente satisfactorios de la iniciación que había recibido antes y se vuelve uno con *Śiva*.

La quinta intensidad de la gracia se llama *madhyamadhya śaktipāta*, que significa "gracia media del medio". Cuando el Señor Śiva otorga esta intensidad particular de la gracia a alguien, en la mente de esta persona surge el intenso deseo de realizar la existencia del Señor Śiva. Al mismo tiempo, sin embargo, no quiere hacer caso omiso de los goces del mundo. Quiere disfrutar de los placeres del mundo junto con el deseo de realizar la existencia del Señor Śiva. Sin embargo, la intensidad de su deseo es solo para lograr el estado de *Śiva*. Así, a pesar de que es iniciado por un maestro y realiza su verdadera naturaleza como el Señor Śiva, su verdadero ser, y goza de la dicha de ese estado mientras permanece en su cuerpo físico, a la vez también goza de los placeres del mundo. Pero como estos placeres mundanos, que tienen lugar en este campo mortal del universo, no son verdaderos placeres, al momento de dejar su cuerpo físico, entra en el reino del paraíso (*svargaloka*) y disfruta de todos los placeres del mundo a su entera satisfacción. Después de que ha satisfecho su deseo de placeres mundanos, no desciende de nuevo a este mundo, sino que es iniciado de nuevo por su maestro, que es omnipresente, mientras permanece en el cielo. A través de esta iniciación, se vuelve completo y realiza la realidad de su naturaleza suprema, entra en el reino del Señor Śiva y se funde en Él por completo desde el mismo cielo.

La sexta intensidad de la gracia se llama *madhyamanda śaktipāta*, que significa "gracia media inferior". El efecto de esta gracia es muy parecido al efecto de la gracia media del medio, sin embargo, la diferencia radica en qué predomina. El efecto de la gracia media del medio es que en la mente del discípulo surge tanto el deseo de alcanzar el estado del Señor Śiva como el deseo de experimentar los placeres mundanos. El deseo predominante, sin embargo, es alcanzar el estado del Señor Śiva. El efecto de la gracia inferior media también es que en la mente de este discípulo surgen tanto el deseo de alcanzar el estado del Señor Śiva como el deseo de experimentar los placeres mundanos. Sin embargo, el deseo predominante aquí es disfrutar de los placeres mundanos. A pesar de que logra la autorrealización, no es completa debido a la agitación que experimenta en la búsqueda de placeres mundanos. Así que en el momento de dejar su cuerpo físico, esta intensidad de la gracia lo lleva de este mundo mortal primero al paraíso, donde disfruta de los placeres del mundo. Pero mientras está en el paraíso no obtiene la aptitud para comenzar a practicar, con el fin de alcanzar la realización de su ser. Por lo tanto debe renacer de nuevo, descender a este campo mortal. Y desde ese mismo nacimiento sentencia a su mente al cumplimiento de su autorrealización. Aunque su vida en este mundo mortal es muy corta, porque el Señor Śiva quiere llevarlo rápidamente a su propio estado, se vuelve absolutamente completo en ese corto espacio de tiempo y entra, al final, en el estado trascendental de *Śiva*.

Las tres intensidades medias de gracia ya mencionadas tienen lugar en el campo de los aspirantes que viven en el reino de *Śivadharma*. Aquellos aspirantes tienen la tendencia a alcanzar el estado de autorrealización, al menos, media hora durante el día y por lo menos dos veces durante la noche. Mantienen el período restante a un lado para los placeres mundanos.

Las siguientes tres intensidades inferiores de gracia *–manda tīvra* (inferior suprema), *manda madhya* (inferior media) y *manda manda* (inferior inferior)– tienen lugar en el campo de los aspirantes que viven en *lokadharmaḥ*, el reino de la vida mundana.

Estos aspirantes tienen el deseo de lograr la autorrealización, el estado de *Śiva*, solo cuando los dolores y presiones de este mundo se vuelven demasiado difíciles de soportar. En ese momento quieren abandonarlo todo y lograr la autorrealización, pero no son capaces de hacerlo, y a pesar de que quieren dejar esta vida mundana, no pueden llevarlo a cabo. Estos aspirantes tienen más tendencia a los placeres mundanos y menos tendencia a la realización de su Ser. Pero, como la gracia del Señor Śiva brilla en ellos, al final se vuelven uno con el ser supremo, lo que puede tomar muchas vidas. Esta es la grandeza de la gracia del Señor Śiva: que no importa con qué intensidad Su gracia esté contigo, al final te llevará a Su naturaleza.

# Capítulo once

## Los cinco estados del cuerpo subjetivo individual

En el camino de los treinta y seis elementos, un solo cuerpo subjetivo universal viaja en cada elemento. No hay sujetos ilimitados viajando en estos elementos. Todos los sujetos (*jīvas*), en realidad son solo el cuerpo único subjetivo de Dios. Cuando viaja en el elemento tierra, se convierte en tierra y pierde su subjetividad del ser. Cuando viaja en el elemento aire, se convierte en aire y pierde su subjetividad del ser. Este es el caso con los treinta y seis elementos. En realidad, son solo un cuerpo subjetivo universal. Este cuerpo subjetivo viaja, por lo tanto, de la tierra a *Śiva* y cuando dicho cuerpo subjetivo alcanza el estado de *Śiva*, se vuelve *Śiva*.

Tal como un cuerpo subjetivo universal viaja en los treinta y seis elementos, el cuerpo subjetivo individual viaja en cinco estados.

Cuando este cuerpo subjetivo individual viaja en la objetividad, y se vuelve el objeto e ignora su conciencia subjetiva, esto es un estado.

Cuando viaja en el mundo cognitivo y se hace uno con eso y pierde la conciencia de su subjetividad, este es el segundo estado.

Cuando viaja en el mundo subjetivo, sin ser consciente de ello y se vuelve uno con aquella subjetividad inconsciente, este es el tercer estado.

Cuando viaja en la conciencia subjetiva absoluta y se vuelve aquella conciencia subjetiva, este es el cuarto estado.

Cuando llega a estar plenamente establecido en esa conciencia subjetiva, esto es el quinto estado.

Estos cinco estados que comprenden el cuerpo subjetivo individual, se llaman *jāgrat*, vigilia; *svapna*, soñar; *suṣupti*, sueño profundo; *turya*, el cuarto estado; y *turyātīta*, más allá del cuarto.

En *jāgrat*, vigilia, el cuerpo subjetivo individual viaja por el mundo de la objetividad (*prameya*), que comprende el mundo de los elementos, los nombres, las formas, las palabras y los sonidos. En este caso, pierde conciencia de su subjetividad y se hace uno con el mundo objetivo.

En *svapna*, el estado de sueño, el cuerpo subjetivo individual viaja en las impresiones (*saṁskāras*) del mundo objetivo. Aquí, también pierde la percatación de su conciencia subjetiva. Se apodera de estas impresiones y se convierte en uno con el mundo de las impresiones.

En *suṣupti*, sueño profundo sin sueños, ha entrado en un estado de completo vacío (*śūnya*). Si antes viajaba en el mundo de la objetividad en el estado de vigilia, luego, al entrar en el sueño profundo, pierde la conciencia de esta objetividad y también de su subjetividad. Si antes viajaba en el mundo de las impresiones en el estado de sueño, entonces al entrar en el sueño profundo, pierde la conciencia de estas impresiones. En el sueño profundo ya no es consciente de nada. Las impresiones del mundo objetivo quedan, pero es como si estuvieran muertas. Cuando vuelve de nuevo del estado de sueño profundo, estas impresiones, que estaban aparentemente muertas, vuelven de nuevo a la vida.

Cuando, por la gracia de un maestro, este cuerpo subjetivo entra en la conciencia subjetiva con plena conciencia, y manteniendo intacta la conciencia se vuelve plenamente iluminado en su propio Ser, esto se llama el cuarto estado, *turya*.

Cuando este cuerpo subjetivo individual tiene un firme control de *turya* y no pierde la conciencia ni por un momento, luego queda establecido en aquel estado llamado *turyātīta*, por encima del cuarto. Está completamente establecido en su Ser. Su conciencia del Ser es mantenida constantemente en vigilia, sueño y sueño profundo. Nunca pierde su conciencia. Incluso en el momento de la muerte, ya que vive en el cuerpo de la conciencia, sigue siendo totalmente consciente de su Ser.

Ahora voy a explicarte cómo los cuatro estados del individuo (*jāgrat*, *svapna*, *suṣupti* y *turya*) se encuentran en cada uno de estos cuatro estados*. En primer lugar, tomemos el estado de *jāgrat*, vigilia, para ver cómo estos cuatro existen en el estado de vigilia. El primer estado es *jāgrat jāgrat*, la vigilia en el mundo de la vigilia. En realidad, esta vigilia objetiva es la ausencia de vigilia en el sentido real, porque en este estado estás completamente dado al mundo de la objetividad y pierdes completamente la conciencia de tu subjetividad. Este es el estado de completa objetividad. Las personas que existen aquí están totalmente entregadas al mundo objetivo. Nunca son conscientes de su ser. Nunca hacen la pregunta, "¿Quién soy yo?". Cuando observan un objeto, tal como una vasija, se vuelven uno por completo con ese objeto y pierden la conciencia de que son observadores. En el Shaivismo llamamos a este estado *abuddhaḥ*, el estado de absoluta falta de conciencia.

El siguiente estado es llamado *jāgrat svapna*, soñar en el estado de vigilia. Cuando la conciencia subjetiva entra en la conciencia objetiva, y luego pierde percatación de aquella objetividad y vive solo en las impresiones de la objetividad mientras está en vigilia, esto es soñar en el estado de vigilia. Por ejemplo, cuando en el mundo objetivo, te fijas en una persona en particular y no eres consciente de mirar a esa persona, entonces estás viajando en tus propias impresiones; esto es *jāgrat svapna*. En la vida mundana ordinaria, cuando una persona está en el estado de *jāgrat svapna*, decimos que está soñando despierto o que está perdido en sus pensamientos. En nuestra filosofía, llamamos a este estado

* *Turyātīta*, más allá del cuarto, no se encuentra mezclado con ningún otro estado. *Turyātīta* es absoluto. En *turyātīta* no hay contacto ni con la objetividad ni con la subjetividad. Es por esta razón que solo se encuentran cuatro modos diferentes en cada uno de los cuatro estados del cuerpo subjetivo individual. *Turyātīta* no es explicado ni es reconocido en este contexto.

*budhāvasthā*, aquel estado que tiene algo de percatación, algo de conciencia.

El siguiente estado en *jāgrat* se llama *jāgrat suṣupti*, sueño profundo en el estado de vigilia. Cuando en el estado de vigilia aquel cuerpo subjetivo individual, tanto externa como internamente, pierde la conciencia del mundo objetivo y también pierde la conciencia del mundo de las impresiones, está en el estado de *jāgrat suṣupti*. Externamente no está experimentando el mundo objetivo, e internamente no está experimentando el mundo de las impresiones. En nuestro Shaivismo, este estado se llama *prabuddhaḥ*, "con conciencia", porque ha llegado muy cerca de la Conciencia Suprema del Ser.

El estado más alto y más refinado en *jāgrat* se llama *jāgrat turya*, el cuarto estado en el estado de vigilia. En este estado, el cuerpo subjetivo individual, después de perder la conciencia tanto de la objetividad externa como interna, entra en alguna conciencia del yo, del Ser. Está parcialmente iluminado por esa conciencia del Ser y se vuelve muy consciente internamente de la conciencia del Ser. Se mueve y se desplaza en el mundo objetivo, y al mismo tiempo reside en la conciencia del Ser. No pierde el asimiento de su conciencia subjetiva interna. En el Shaivismo, *jāgrat turya* se llama *suprabuddhāḥ*, absolutamente pleno de conciencia.

También en *svapna*, el estado de sueño, en el que solo viajas en las impresiones, puedes encontrar los cuatro modos de *jāgrat*, *svapna*, *suṣupti* y *turya*. *Svapna* es el estado que se encuentra en los sueños, en las impresiones, en la memoria, en la locura y en la intoxicación.

El primer estado en *svapna* se conoce como *svapna jāgrat*, la vigilia en el estado de soñar. Cuando el cuerpo subjetivo viaja en las impresiones y se da a las impresiones en el campo de la objetividad y, al mismo tiempo, pierde la conciencia de esas impresiones, este es el estado de la individualidad llamado *svapna jāgrat*. Aquí, este individuo a veces viaja en las olas de las impresiones y a veces viaja en las olas de la objetividad. Por ejemplo, si en un sueño ves un lápiz y luego, cuando miras de nuevo, ves un cuchillo en lugar del lápiz, no eres consciente de este cambio. No haces la pregunta, "¿Por qué hay ahora un cuchillo donde antes había un lápiz?". Todo en este estado, normal o anormal, te parece normal y ordinario. Es objetivo porque te das a la objetividad y te pierdes en el objeto, que en este ejemplo es el lápiz. La pregunta, "¿Cómo es así?" no surge en tu mente. Este estado en el Shaivismo se llama *gatāgatam*, que significa "vienes y vas", a veces es un lápiz y a veces no es un lápiz.

El siguiente estado que se encuentra en *svapna*, el estado de sueño, se llama *svapna svapna*, soñar en el estado de soñar. En este estado, el cuerpo subjetivo individual viaja solo en el mundo de las impresiones sin la menor conciencia de su conexión entre uno y otro. Ves un lápiz, luego ves un libro, luego vuelas en el aire, luego estás conduciendo un automóvil, y sin embargo no estás enterado de nada de esto. Sientes que todo está perfectamente bien. En nuestro Shaivismo este estado se llama *suvikṣiptam*, "conciencia absolutamente dispersa". Viajas de aquí para allá, haces esto y aquello, y sin embargo no sabes nada.

El tercer estado que se encuentra en *svapna* se llama *svapna suṣupti*, sueño profundo en el estado de sueño. A veces, en el estado de sueño, este cuerpo subjetivo, mientras viaja por el mundo de las impresiones y los pensamientos, también desarrolla una cierta percatación de la subjetividad. Si, por ejemplo, en un sueño ves un lápiz y luego al momento siguiente ves un cuchillo en lugar del lápiz, te preguntarás por qué el lápiz se ha convertido en un cuchillo. Te das cuenta de que no estás despierto, que debes estar soñando. Estás viajando en la subjetividad; sin embargo, esa subjetividad no permanece. Debido a que este estado es *suṣupti* en el estado de sueño, tu conciencia subjetiva va y viene. Preguntas y discutes y luego te olvidas, pierdes esta conciencia y de nuevo viajas en las impresiones. Este estado de individualidad se llama *saṁgatam*, que significa "tocado". Aquí, experimentas el toque ocasional de la conciencia.

El siguiente y más alto estado en *svapna* se llama *svapna turya*, el cuarto estado en el estado de soñar. Cuando estás en el estado de soñar y observas algún objeto en particular, percibes este objeto en particular en el mundo de las impresiones. Y cuando en ese mismo momento, mientras estás en el estado de sueño, te vuelves consciente, tepercatas de que no estás despierto, que te encuentras en el estado de soñar y, por la gracia de tu maestro, desechas el mundo objetivo de las impresiones y entras en *samādhi*, este es el estado de *svapna turya*. Este estado también es no permanente. Una vez más, caes en el estado de sueño lleno de impresiones y comienzas a soñar. Al darte cuenta de que estás soñando de nuevo, entras de nuevo en *samādhi* y luego otro sueño viene y te lleva lejos. Te mueves desde el estado de sueño al *samādhi*, y de vuelta al estado de sueño y de nuevo hacia el *samādhi*, y así sucesivamente. Eres incapaz de mantener ese estado de *samādhi*. En el Shaivismo, esta condición se conoce como *susamāhitam*, que significa "absolutamente consciente, pleno de conciencia".

En el estado de *suṣupti*, sueño profundo, el primer estado de estos cuatro modos es *suṣupti jāgrat*, vigilia en el estado de sueño profundo. En este estado pierdes todas las impresiones y pensamientos y permaneces en el vacío absoluto (*śūnya*). Mientras permaneces en este estado, no eres consciente y no disfrutas su alegría. Por ejemplo, si has caído en este sólido estado de sueño sin sueños, donde no viajas ni en la objetividad ni en las impresiones, y luego, cuando emerges de ese estado sin sueños, alguien te pregunta: "¿Dónde estabas?", podrías responder "*nakiñcidjño'smi*", "No sé nada". A veces, al despertar del sueño profundo, te das cuenta de que mientras dormías no sabías nada; sin embargo, sabes que estabas plácidamente dormido y que era algo absolutamente pacífico. Esta experiencia "Estaba durmiendo en paz" no ocurre en *suṣupti jāgrat*. En el estado de *suṣupti jāgrat*, después recuerdas que no experimentabas nada.

> *na kiñcidahamavediṣam*
> *gāḍha mūḍho'hamasvāpsam*
>
> "Yo estaba dormido y no observaba nada".

En nuestro Shaivismo este estado se llama *uditaṁ*, "lleno de elevación". Se dice que está lleno de elevación porque te has deshecho del mundo de las impresiones y has entrado en la negación de las impresiones. Estás elevándote del mundo de las impresiones hacia *Śiva*.

El siguiente estado en sueño profundo se llama *suṣupti svapna*, soñar en el estado de sueño profundo. Mientras estás en sueño profundo, viajas en el mundo de la subjetividad inconsciente. Es el mundo de la subjetividad donde la subjetividad está ausente de la conciencia. En el sueño profundo no hay conciencia, no hay percatación de la subjetividad. Permaneces en aquella subjetividad, pero no sabes que estás en la subjetividad. En el estado de *suṣupti svapna*, sin embargo, tienes cierta impresión de estar en la subjetividad, hay algo de cognición de permanecer allí. En este estado eres un poco consciente de que estás viajando en la subjetividad. A este estado lo llamamos *vipulam*, lo que significa "es alimentado". Esto significa que la impresión y la percatación de que estás viajando en el mundo de la conciencia subjetiva se hace de a poco más y más fuerte; aumenta lentamente.

El tercer estado de sueño profundo se llama *suṣupti suṣupti*, sueño profundo en el estado de sueño profundo. En este estado, mientras estás viajando por el mundo de la conciencia subjetiva, la impresión, la vaga idea de que este es el mundo de la conciencia subjetiva, permanece en el fondo todo el tiempo, sin interrupción. En el estado de *suṣupti svapna* también tienes alguna impresión de permanecer en la subjetividad; sin embargo, es una percepción interrumpida. Pero en ambos casos, en *suṣupti svapna* y en *suṣupti suṣupti*, donde permanece en el fondo la impresión, la vaga idea de que este es el mundo de la conciencia subjetiva, *suṣupti* es predominante. Este estado, en el que la percatación sutil de que este es el mundo de la conciencia subjetiva permanece en continuidad ininterrumpida, en nuestro Shaivismo se llama *śantam*. *Śantam* significa "pacífico". Se llama así porque tu conciencia permanece en el fondo en un estado absolutamente pacífico. En este estado no hay agitación.

El cuarto estado de sueño profundo es *suṣupti turya*, el cuarto modo en el estado de sueño profundo. En este estado, viajas en el mundo de la conciencia subjetiva. Estás constantemente percatado de aquella conciencia subjetiva en el fondo y al mismo tiempo experimentas la dicha de este estado. En *suṣupti suṣupti* no experimentas la dicha real de este estado subjetivo, solo experimentas su paz. Aquí, en *suṣupti turya*, experimentas la dicha positiva de este estado. Estás entrando en *samādhi* y sin embargo la conciencia permanece en el fondo. A este estado lo llamamos *suprasanna* porque este es aquel estado en el cual estás absolutamente pleno de dicha, a pesar de que no eres plenamente consciente de aquella dicha*.

Ahora observemos de nuevo a los tres estados del cuerpo subjetivo individual. La palabra *jāgrat* se refiere a ese estado en el que uno está lleno de percatación desde su propio punto de vista, desde el punto de vista de la conciencia individual, no desde el punto de vista de la conciencia subjetiva. La gente mundana llama a este estado *jāgrat* (vigilia). Los yogines, por otro lado, tienen un nombre diferente para él. Los yogines creen que cuando entras en el estado de conciencia objetiva, te conviertes en uno con la objetividad. Esto, por lo tanto, no es en realidad el estado de vigilia.

* *uditaṁ vipulaṁ śāntaṁ suprasannamathāparam*
*Mālinī Vijaya Tantra* II.45.

No puede ser *jāgrat*. Es realmente el estado de volverse uno con la objetividad. Por esta razón, este estado es llamado *piṇḍasthaḥ*, un estado en el que te conviertes en uno con todo lo que percibes. Las almas iluminadas (*jñānīs*) tienen otro nombre para él. En este estado, el Ser de *Śiva* ha expandido su cuerpo de conciencia en nombres, formas, espacio y tiempo. Estos *jñānīs* sienten la conciencia de *Śiva* en todas partes. Es por esta razón que ellos llaman a este estado *sarvatobhadra**, que significa "divino en todas partes". Dondequiera que vayan, estas almas iluminadas sienten la divinidad de la Conciencia de Dios. Siempre que viajan en el mundo objetivo, ya sea en el nombre, la forma, el espacio o el tiempo, ya sea caminando o hablando, lo que sea que estén haciendo, están viajando en la Conciencia Absoluta.

El estado de sueño es llamado *svapna* (ausencia de actividad mundana) por la gente del mundo, porque el mundo objetivo externo está ausente. Los yogines, por otro lado, llaman a este estado *padastham*, que significa "estar establecido donde estás", porque aquí estás establecido en tu propio punto. Los yogines encuentran que *svapna* es un camino más cercano para entrar en *samādhi*, para entrar en lo absoluto. Cuando estás en el estado de *jāgrat*, hay que luchar para entrar en *samādhi*. Cuando estás en el estado de *svapna*, solo tienes que luchar la mitad. Es mucho más fácil concentrar tu conciencia en *svapna* que en *jāgrat*. Los niños existen principalmente en *svapna*. Si un maestro o gran alma pone su poder de iluminación en ellos, entrarán en *samādhi* en un instante. No tienen pensamientos externos; solo tienen pensamientos internos. Están muy cerca de su propio Ser. Los *jñānīs* lo llaman el estado de *svapna vyāpti*, que significa "impregnación", porque en el estado de sueño impregnan todo y saben que están impregnando. Impregnan su propio cuerpo, el automóvil que están soñando que están conduciendo, la carretera por la que están

* *sarvatobhadramāsīnaṁ sarvato vedyasattayā* | |
*Tantrāloka* X.244

soñando que avanzan, y el lugar al que están soñando que van. La realidad es que ninguno de estos objetos son producidos por alguna causa ajena. Todo existe dentro de su propio ser*.

La gente mundana llama al estado de sueño profundo *suṣupti* (dormido) porque no tienen conocimiento de la objetividad en este estado. No hay objetividad y no hay impresiones. Este estado es *tūṣṇīmbhāva*, que significa "silencio absoluto". Para ellos, es un estado apaciguado. Sienten que después de salir de este estado están en mayor paz. Encuentran que este estado es nutritivo. Los yogines, por el contrario, consideran que en este estado de sueño profundo se vuelven apegados a su propia naturaleza. Para los yogines este estado está pleno de conciencia, mientras que para la gente mundana este estado está pleno de falta de conciencia. Los yogines. por lo tanto, llaman a este estado *rūpastha*, que significa "establecido en el propio Ser", porque aquí están establecidos en su propia Conciencia. Los *jñānīs* llaman a este estado *mahāvyāpti* (la gran impregnación), porque aquí encuentran que no hay absolutamente ninguna limitación de objetividad o impresiones.

Desde el punto de vista del Trika shaivita, se da predominio a las tres energías de *Śiva*: *parā śakti*, la energía suprema; *parāparā śakti*, la energía media; y *aparā śakti*, la energía inferior. El reino de *aparā śakti*, la energía inferior, se encuentra en los estados de vigilia y soñar. El reino de *parāparā śakti*, la energía media, está establecida en el estado de sueño profundo. Y, por último, el reino de *parāśakti*, la energía suprema, se encuentra en el estado de *turya*.

El estado de *turya* está por encima del estado de *pramātṛi*. Es llamado el estado de *pramiti*. *Pramiti* es aquel estado donde la conciencia subjetiva prevalece sin la agitación de la objetividad.

* El *jñānī* no desea dirigir sus acciones en un sueño. El *jñānī* no tiene deseos. El *jñānī* no desea, él sencillamente se mueve. Es la Voluntad Universal la que actúa. El *jñānī* es tocado con Voluntad Universal.

Cuando la agitación de la objetividad también se encuentra en la conciencia subjetiva, aquel es el estado de *pramātṛi*. Por ejemplo, cuando una persona está dando una clase y él está lleno de aquellos objetos que está explicando, este es el estado de *pramātṛi*. Y cuando ese mismo experimentador está sin la agitación de dar una clase y no hay mundo objetivo ante él, este es el estado de *pramiti*. El estado de *pramiti* es sin ningún objeto en absoluto. En otras palabras, cuando reside en su propia naturaleza, aquella conciencia subjetiva es el estado de *pramiti*.

Se dice que el estado de *turya* es la penetración de todas las energías de forma simultánea, no en sucesión. Todas las energías están residiendo allí, pero no están en manifestación. Están todas juntas sin distinción. *Turya* se llama *savyāpārā*, porque todas las energías obtienen su poder para funcionar en ese estado. Al mismo tiempo, este estado es conocido como *anāmayā* porque permanece no agitado por todas estas energías.

A este estado se le atribuyen tres nombres: por la gente mundana, por los yogines y por los seres humanos iluminados (*jñānīs*).

La gente mundana lo llama *turya*, que significa "el cuarto". Usan este nombre porque no tienen nombre descriptivo para este estado. No son conscientes de este estado, y no habiéndolo experimentado, simplemente lo llaman el cuarto estado.

Los yogines han atribuido a esta condición el nombre *rūpātītā*, ya que este estado ha superado "el toque del propio ser" y es "el establecimiento del propio ser". El toque del propio ser fue encontrado en el sueño profundo; sin embargo, en *turya* tiene lugar el establecimiento del propio ser.

Para los seres humanos iluminados, los *jñānīs*, toda la existencia universal se encuentra en este estado de *turya*, colectivamente, como indiferenciada, en el estado de totalidad. Aquí no existe sucesión. Los *jñānīs*, por lo tanto, llamar a este estado *pracaya**.

---

* *Pracaya* literalmente significa "totalidad" y se refiere a la totalidad indiferenciada de la existencia universal.

Ahora voy a explicar los nombres dados a los estados de *turya jāgrat*, *turya svapna* y *turya suṣupti*. Solo estos tres estados son posibles en *turya*. Como *turya* no puede ser dividido, *turya turya* no es posible. Los estados anteriores de la conciencia individual subjetiva, *jāgrat*, *svapna* y *suṣupti*, cada uno tiene cuatro aspectos; el estado de *turya* solo tiene tres.

El estado de *turya jāgrat* existe cuando la conciencia de *turya* no está vívidamente manifestada. Aquí, la conciencia de *turya* está en un estado subconsciente; se encuentra en el fondo. En este estado, aunque existe conciencia fuerte, no está totalmente manifestada. Está aún a manifestarse.

En el estado de *turya svapna*, la conciencia de *turya* se manifiesta con mayor intensidad. La conciencia es más fuerte aquí.

Y en el estado de *turya suṣupti*, la conciencia de *turya* es la más vívida. Aquí, la conciencia es la más fuerte.

El estado de *turya jāgrat* se llama *manonmanam*, "más allá de lo que abarca la mente", ya que es ese estado en el que la mente ha surgido en la falta de mente, completa ausencia de pensamientos.

El estado de *turya svapna* se llama *anantam*, que significa "ilimitado", porque aquí se encuentra la naturaleza ilimitada del Ser. Este es el estado del Ser ilimitado.

El estado de *turya suṣupti* se llama *sarvārtham*. *Sarvārtham* significa que en este estado, aunque eres ilimitado, encuentras que existen todas las limitaciones del universo*.

*Turyātīta* es aquel estado que es la plenitud absoluta del Ser. Está lleno de toda conciencia y dicha. Realmente es el último y el supremo estado del Ser. No solo encuentras este estado de *turyātīta* en *samādhi*, también lo encuentras en cada actividad

---

* *manonmanamanantaṁ ca sarvārthamiti bhedataḥ*
*Mālinī Vijaya Tantra* II.46

del mundo. En este estado, no hay posibilidad para la práctica del *yoga*. Si puedes practicar *yoga*, entonces no estás en *turyātīta*. En la práctica de *yoga* existe la intención de ir a alguna parte. Aquí, no hay adonde ir, nada que lograr. Como aquí no existe la concentración, no es posible la existencia de la ayuda del *yoga*.

Solo hay dos nombres realmente atribuidos a este estado de *turyātīta*, uno dado por la gente mundana y uno por los *jñānīs*. La gente mundana, debido a que no conocen nada acerca del estado, lo llaman *turyātīta*, que significa "aquel estado que está más allá del cuarto". Los *jñānīs*, por otro lado, también tienen un nombre para él. Lo llaman *mahāpracaya**, que significa "la totalidad suprema ilimitada e inexplicable". Los yogines, en realidad, no atribuyen ningún nombre a este estado porque no tienen conocimiento de él. Está totalmente fuera de su experiencia. Sin embargo, mediante el uso de su imaginación y conjeturas, los yogines han imaginado un nombre que podría ser apropiado para este estado: *satatoditam*†, que significa "aquel estado que no tiene pausa, sin descanso". Es un estado unitario y sin pausas. En el *samādhi*, está ahí. Cuando el *samādhi* está ausente, está ahí. En el estado mundano, está ahí. En el estado de sueño, está ahí. Y en el estado de sueño profundo, está ahí. En todos los estados del cuerpo subjetivo individual, está ahí.

He explicado la naturaleza de estos cinco estados de la subjetividad individual desde el punto de vista del Trika. En la filosofía Pratyabhijñā, los maestros de la escuela Pratyabhijñā también han explicado y definido estos cinco estados. Sus definiciones de *jāgrat*, *svapna* y *suṣupti* parecen diferir de la dada por los shaivitas del Trika. Sus explicaciones de *turya* y *turyātīta*, sin embargo, son las mismas.

---

* *mahāpracayamicchanti turyātītaṁ vicakṣaṇāḥ* | |
*Mālinī Vijaya Tantra* II.38
† *turyātīte bheda ekaḥ satatodita ityayam* | |
*Tantrāloka* X.283

Los maestros de la escuela Pratyabhijñā dicen que *jāgrat* es cuando permaneces en aquel estado en el que tu conciencia se dirige hacia la objetividad (*bahirvṛitti*) y ya no te encuentras más en tu propia conciencia subjetiva.

*Svapna* es aquel estado cuando solo permaneces en el ámbito de las impresiones y pensamientos (*saṁkalpa nirmāṇa*).

*Suṣupti* es aquel estado cuando hay destrucción absoluta de todas las impresiones, pensamientos y conciencia (*pralayopamam*), cuando estás absolutamente muerto en tu propio ser.

Abhinavagupta, el más grande maestro de Shaivismo y el más grande filósofo que el mundo jamás ha conocido, da la definición general de estos estados para que el estudiante sepa que en realidad no hay diferencia alguna entre los puntos de vista del Trika shaivita y el Pratyabhijñā.

Explica que el estado de *jāgrat* es cuando hay intensidad de la objetividad.

*Svapna* es cuando la intensidad de la objetividad es débil e inestable.

*Suṣupti* es cuando la intensidad de la objetividad ha desaparecido por completo.

*Turya* es cuando la superobservación es encontrada por algún agente de observación.

*Turyātīta* es cuando esa objetividad está muerta individualmente y es encontrada llena de vida en la totalidad.

# Capítulo doce

## Los contactos quíntuples de maestros y discípulos

En este universo, desde tiempos inmemoriales ha tenido lugar la iniciación de los maestros, desde el Señor Śiva hasta los seres mortales. Este contacto del maestro con el discípulo ocurre en cinco formas diferentes.

El contacto más alto del maestro con el discípulo es llamado *mahān saṁbandhaḥ* (el gran contacto). Este contacto más alto tuvo lugar en el mismo comienzo de la manifestación del universo. El Señor Śiva se convirtió en el maestro y Sadāśiva fue el discípulo.

A continuación, después de este contacto más alto, tuvo lugar un contacto inferior, llamado *antarāla saṁbandhaḥ*. Este es el contacto del maestro que está residiendo en el estado de Sadāśiva con aquel discípulo que está residiendo en el estado de Anantabhaṭṭāraka.

Luego tuvo lugar el tercer contacto entre maestro y discípulo. Este tercer contacto se llama *divya saṁbandhaḥ*, que significa "contacto divino". Tuvo lugar cuando el maestro estaba en el estado de Anantabhaṭṭāraka y el discípulo se encontraba en el estado de Śrīkaṇṭhanātha.

El cuarto contacto se llama *divyādivya saṁbandhaḥ*, que significa "aquel contacto que es en parte divino y en parte no divino". En este cuarto contacto, Śrīkaṇṭhaḥ tomó el lugar de la divinidad como el maestro y Sanatkumāra Ṛiṣi tomó el lugar del discípulo.

Por último, el quinto contacto de maestros y discípulos se llevó a cabo con los maestros que residen en el lugar de Sanatkumāra Ṛiṣi y los discípulos como seres mortales (*manuṣya*). Este quinto contacto se llama *adivya saṁbandhaḥ*, que significa "aquel contacto que no es divino".

Este quinto contacto de maestros y discípulos ha ocurrido muchas veces. En el último movimiento de este contacto, el maestro fue Durvāsā Ṛiṣi, ya que él era de la escuela de pensamiento de Sanatkumāra Ṛiṣi, y el discípulo fue Tryambakanātha.

Aunque nuestro Shaivismo de Cachemira reconoce estos contactos quíntuples de maestros y discípulos, sin embargo, explica que solo es real la iniciación en la que el contacto entre el maestro y el discípulo tiene lugar de manera que, en el momento de la iniciación, el maestro se une con el discípulo y el discípulo se une con el maestro. En esta verdadera iniciación, el maestro se convierte en uno con el discípulo y el discípulo se convierte en uno con el maestro. Debes entender, sin embargo, que para que este contacto supremo tenga lugar, el discípulo no debe encontrar ningún fallo en su maestro o en la actividad de su maestro. Si lo hace, entonces está perdido. Esta clase de iniciación puede tener lugar en cualquier estado de estos cinco contactos. Es el contacto supremo real. Es incluso más elevado que *mahān saṁbandhaḥ* (el gran contacto) y es llamado *parā saṁbandhaḥ* (el contacto supremo). Es el contacto mediante el cual todos los contactos se vuelven divinos. La verdadera teoría de nuestro Shaivismo es que este contacto, que es el contacto supremo, debe tener lugar entre cada maestro y cada discípulo. Cuando esto ocurre, entonces esa iniciación es una iniciación real.

# Capítulo trece

# El nacimiento de los *Tantras*

En el comienzo de *Satyuga*[*], el Señor Śiva apareció en la forma de Svacchandanātha. Como Svacchandanātha, apareció con cinco cabezas y dieciocho brazos. Sus cinco cabezas se manifestaron a través de sus cinco grandes energías:

*cit śakti*, toda conciencia;
*ānanda śakti*, toda dicha;
*icchā śakti*, toda voluntad;
*jñāna śakti*, todo conocimiento;
*kriyā śakti*, toda acción.

Y estas cinco energías, que aparecieron en Sus cinco bocas y que se conocen como
*īśāna*,
*tatpuruṣa*,
*aghora*,
*vāmadeva* y
*sadyojāta*,
debido a la gracia (*anugrahaḥ*)[†] del Señor Śiva, experimentaron la sensación de iluminar el universo.

---

* *Satyuga* es la primera de las cuatro eras: *Satyuga*, *Tretāyuga*, *Dvāparayuga* y *Kaliyuga*. Estas comprenden la cuádruple vida cíclica del universo.

† La gracia (*anugraha*) del Señor Śiva se manifiesta a través de Sus cinco actos: creación, protección, destrucción, ocultamiento y revelación. En estos cinco actos, el Señor Śiva crea el universo, lo protege, lo destruye, lo esconde en Su propia Naturaleza y lo ilumina. De hecho, el Señor Śiva crea, proteje, destruye y oculta este universo solo para iluminarlo.

El Señor Śiva deseaba iluminar el universo mediante la manifestación de la existencia de los *Tantras*. Con el fin de lograr esto, Él manifestó estos *Tantras* a través de sus cinco bocas. En un principio, cada una de estas bocas (*īśāna*, *tatpuruṣa*, *aghora*, *vāmadeva* y *sadyojāta*) crearon un *Tantra*. Luego, dos bocas se unieron y crearon un *Tantra* por medio de cada combinación de dos bocas. Y luego, tres bocas se unieron y crearon un *Tantra* por medio de cada combinación de tres bocas. Y luego cuatro bocas se unieron, y luego las cinco bocas, y estas combinaciones de bocas produjeron todos los *Tantras* de nuestro Shaivismo.

Estos *Tantras* se manifiestan de tres maneras.

Inicialmente, surgieron diez *Tantras* que eran dualistas (*dvaita*) y se llaman *Śiva Tantras*. Estos *Tantras*, que no están relacionados con el Shaivismo de Cachemira, están llenos de dualismo.

Luego surgieron dieciocho *Tantras*, que estaban llenos de aquel pensamiento que es dualismo y monismo a la vez (*bhedābheda*). Estos se llaman *Rudra Tantras*.

Y, por último, estas cinco bocas surgieron de tal manera que cada boca se llenó simultáneamente con otras cuatro bocas. Aquí, cuatro de los cinco energías se insertaron en la quinta energía de manera tal que se llenó con todas las cinco energías. No predominaba ninguna energía, todas eran iguales. Esto le sucedió a todas las energías. Al mismo tiempo, a partir de estas bocas llegaron los *Bhairava Tantras*, que están llenos con un solo pensamiento monista (*abheda*). Estos *Bhairava Tantras*, que son los *Tantras* relacionados con el Shaivismo de Cachemira, son sesenta y cuatro.

En los *Bhairava Tantras*, el Señor Śiva se muestra como en predominio en todas partes. Él está allí en plenitud en *Śiva* y en todas Sus energías. Él está igualmente presente en todo y en todas partes. No puedes decir que algo está más cerca de Él y otra cosa está más lejos. Él está ahí en todo, plena y completamente.

Inicialmente, este *Tantra* monista, en la forma de una Conciencia y Dicha Suprema, no se manifestó en voluntad, imaginación o palabras; más bien, fue sentido y observado por el mismo Señor Śiva en el inicio de la energía iluminadora. En este punto, la manifestación de este *Tantra* residía en el habla más íntima del Señor Śiva, conocida como *parāvāk* (habla suprema). En esta habla suprema del Señor Śiva, la creación de *vācya* y *vācaka**, maestro y discípulo, todavía no era sentida como diferenciada. Ellos residían en Su propio Ser como indiferenciados.

En el siguiente movimiento de la energía iluminadora, se llevó a cabo la manifestación de los *Tantras* en Su segunda habla, *paśyantī*. También en esta etapa, estos *Tantras* todavía estaban indiferenciados y eran uno con Su Voluntad Suprema.

En el siguiente movimiento de la energía iluminadora, se llevó a cabo la manifestación de estos *Tantras* en Su tercer habla, *madhyamā vāk*. Aquí, se volvieron diferenciados y se manifestaron internamente solo en el pensamiento, no en palabras.

Y en el último movimiento de la energía iluminadora, se llevó a cabo la manifestación de estos *Tantras* en Su cuarta habla, *vaikharī vāk*, donde salieron a través de Sus cinco bocas en diferenciación como palabras, frases y versos.

En los tres *yugas* (eras), *Satyuga*, *Tretāyuga* y *Dvāparayuga*, los maestros y los discípulos eran iniciados verbalmente, no por escrito, requiriendo palabras y oraciones. El poder de la memoria en ellos era tan grande que recordaban todo instantáneamente. No había necesidad de que escribieran nada o se remitieran a libros y papeles. Los maestros y los discípulos fueron muy grandes en estos tres *yugas*.

---

* Ver una exposición sobre *vācya* y *vācaka* en las páginas 15 y 16.

Cuando ocurrió *Kaliyuga*, estos maestros y discípulos estaban tan decepcionados que se escondieron en lugares desconocidos para evitar el contacto con las personas mundanas que vivían en ese tiempo. Debido a esto, la teoría de los *Bhairava Tantras* y el Shaivismo de Cachemira se perdió. El Señor Śiva, sin embargo, siempre desea iluminar el universo, por lo que volvió a aparecer en este mundo en el Monte Kailāśa, no en la forma de Svacchandanātha con cinco bocas, sino en la forma de Śrikaṇṭhanātha. Y en la forma de Śrikaṇṭhanātha, Él enseñó nuevamente la teoría de los *Bhairava Tantras* al sabio Durvāsā Ṛiṣi, quien era *ūrdhvaretāḥ*, que significa "aquel cuyo poder sexual es preservado", y que era, por lo tanto, un *brahmacārī* (célibe). Cuando Śrikaṇṭhanātha lo inició en el Monte Kailāśa, Śrikaṇṭhanātha le dijo que debía expandir el pensamiento del *Bhairava Tantra* por todo el universo, sin restricciones de casta, color o credo. Después de que Śrikaṇṭhanātha enseñó así a Durvāsā Ṛiṣi, desapareció en el éter.

Durvāsā Ṛiṣi, después de meditar por completo para adquirir un verdadero discípulo apto para la iniciación, se decepcionó. No podía encontrar a nadie en este mundo apto para ser iniciado. Su iniciación era una iniciación práctica, ya que, además de iniciar a alguien en el pensamiento del *Bhairava Tantra*, al mismo tiempo lo iniciaba en la parte práctica de este pensamiento. Y esta iniciación práctica se manifestaba a sí misma de inmediato, sin que los discípulos tuvieran que hacer alguna práctica o *yoga*. Este discípulo se volvería iluminado instantáneamente. Como no pudo encontrar un discípulo apto para esta iniciación, con su poder mental creó un hijo nacido de su mente. Este hijo nacido de su mente se llamó Tryambakanātha. Durvāsā Ṛiṣi inició a Tryambakanātha por completo en el camino de los *Bhairava Tantras* monistas. Posteriormente, creó dos hijos más nacidos de su mente, Āmardakanātha y Śrinātha. Inició a su hijo Āmardakanātha en los *Śiva Tantras* dualistas e inició a su otro hijo Śrinātha en los *Rudra Tantras* monodualistas. Todo esto fue hecho por Durvāsā Ṛiṣi para la elevación de la humanidad.

Para la elevación de las mujeres, Durvāsā Ṛiṣi creó una hija nacida de su mente y la llamó Ardhatryambakā*. Como el Shaivismo de Cachemira no reconoce que las mujeres estén en un estado de degradación, Durvāsā Ṛiṣi la inició por completo en el pensamiento monista del *Bhairava Tantra*. Este punto de vista, que las mujeres no están en un estado de degradación, no es sostenido por las otras dos escuelas del Shaivismo, las escuelas dualistas y monodualistas; por lo tanto Durvāsā Ṛiṣi creó solo una hija nacida de su mente. La enseñanza de su hija Ardhatryambakā es conocida como la escuela Ardhatryambaka de los *Bhairava Tantras*. Pero como la continuidad de la escuela Ardhatryambaka se manifestó en secreto de una mujer a otra, no hay antecedentes de esta escuela en este *Kaliyuga*.

El hijo de Durvāsā Ṛiṣi, Tryambakanātha, el fundador de la escuela monista del Shaivismo, también fue célibe (*brahmacārī*). Continuando con el modo del sabio Durvāsā Ṛiṣi, también creó un hijo nacido de su mente y lo nombró Tryambakāditya, que significa "la expansión de Tryambakanātha". Después de iniciarlo por completo en el *Bhairava Tantra*, Tryambakanātha entró en una cueva, que es conocida como *Tryambaka guhā* (cueva), y desapareció. El hijo de Tryambakanātha, Tryambakāditya, también creó un hijo nacido de su mente y, después de iniciarlo, Tryambakāditya desapareció en el éter†.

De esta manera, quince *siddhas* fueron creados por la mente. Cuando, sin embargo, el decimoquinto *siddha* intentó crear un hijo nacido de su mente, no tuvo éxito. Se dice que este decimoquinto *siddha* no estaba totalmente introvertido, y al mismo tiempo era dado a los placeres mundanos. A causa de esta impureza sutil

* Fue llamada Ardhatryambakā (media Tryambaka) porque, en India y Cachemira, se considera que solo la mitad de la hija es propiedad del padre.

† Estos sabios no nacían a través del sexo, sino a través de la mente. Como eran *siddhas*, seres espirituales sin ninguna experiencia de limitaciones físicas, no mueren, simplemente desaparecen.

(*āṇava mala*), no tuvo éxito en la creación de un hijo nacido de su mente. Después de sentarse en una larga meditación, encontró en este mundo una chica con todas las buenas cualidades, fue hasta su padre e hizo los arreglos para casarse con ella. Después del matrimonio, crearon un hijo que se llamaba Saṁgamāditya y que, por su voluntad, fue al valle de Cachemira y encontró la montaña Kailāśa. Saṁgamāditya, como su padre, se casó y produjo un hijo llamado Varṣāditya, a quien inició por completo en el pensamiento de los *Bhairava Tantras* monistas. Varṣāditya también se casó y produjo un hijo, llamado Aruṇāditya, a quien inició completamente. Aruṇāditya se casó y creó un hijo llamado Ānanda, a quien inició y que también fue un conocedor completo en lo práctico del Shaivismo.

Este sabio Ānanda fue el padre de Somānandanātha, el creador de la escuela Pratyabhijñā del Shaivismo y el autor de la *Śiva dṛiṣṭi*. Hasta el tiempo de Somānandanātha, la iniciación en el pensamiento monista de los *Bhairava Tantras* fue llevada a cabo de padre a hijo. Desde Somānandanātha en adelante, esta iniciación tuvo lugar de maestro a discípulo. Somānandanātha fue el maestro de Utpaladeva. Utpaladeva fue el maestro de Lakṣmaṇagupta. Y Lakṣmaṇagupta fue el maestro de nuestro gran Abhinavagupta, que estaba en la línea de Atrigupta.

Ahora voy a explicarte cómo Atrigupta, un gran estudioso del Shaivismo de Cachemira, vino de la India a vivir en el valle de Cachemira.

Durante su reinado, el rey Lalitāditya viajó a la India desde Cachemira, donde en Antarvedi, una extensión de tierra en Madhya Pradesh que se encuentra entre los ríos Yamuna y Ganges, descubrió a este gran maestro shaiva Atrigupta. Lalitāditya quedó profundamente impresionado por la erudición y lo práctico de Atrigupta y le pidió que lo acompañara al valle de Cachemira. Atrigupta accedió y al llegar a Cachemira, le fue dado para vivir el antiguo palacio de Pravarasena porque estaba muy cerca del palacio del rey Lalitāditya. Después de su traslado a Cachemira, no quedó ninguna autoridad en Shaivismo de Cachemira en la India. De este momento en adelante, la enseñanza del pensamiento de los *Bhairava Tantras* es llamada Shaivismo de Cachemira, y esta enseñanza ha permanecido centrada solo en el valle de Cachemira. Estos *Bhairava Tantras* son omnipresentes en todo el mundo. Sin embargo, comenzaron en el valle de Cachemira, residieron allí y todavía están vivos allí hoy. Después de algunos siglos, en la casa de Atrigupta nació Varāhagupta. Él fue el padre de Narasiṁhagupta, y Narasiṁhagupta fue el padre de nuestro gran Abhinavagupta. Aunque Abhinavagupta tuvo muchos discípulos, hombres y mujeres, su discípulo principal fue Kṣemarāja y el principal discípulo de Kṣemarāja fue Yogarāja. Después de muchos siglos en el valle de Cachemira, Svāmī Rām vino a un cuerpo físico. Su discípulo principal fue Svāmī Mahatābakak, y yo soy discípulo de Svāmī Mahatābakak.

# Capítulo catorce

## *Mokṣa* en el Shaivismo de Cachemira y la filosofía india

El punto de vista de que la ignorancia es la causa de la esclavitud y el conocimiento perfecto es la causa de la libertad (*mokṣa*) es comúnmente aceptado por todos los filósofos de la India. Sin embargo, en realidad, estos filósofos no han entendido por completo qué son el conocimiento y la ignorancia.

Los *vaiṣṇavitas*, por ejemplo, creen que la liberación (*mokṣa*) de repetidos nacimientos y muertes se produce cuando estás unido con *parāprakṛiti**. Y esta unión con *parāprakṛiti* solo ocurrirá cuando en tu entendimiento observes que la aparente diferenciación de este universo es irreal. Entonces todos los apegos, los placeres y los dolores llegarán a su fin y estarás establecido en tu propia naturaleza real. Este establecimiento es lo que, desde su punto de vista, se llama *mokṣa*.

Los vedantinos Advaita, por otro lado, han llegado a la conclusión de que, en el sentido real, *mokṣa* solo es dicha (*ānanda*) y nada más. Dicen que cuando resides en el campo de la ignorancia (*saṁsāra*), te conviertes en la víctima de los velos quíntuples: *avidyā* (ignorancia), *asmitā* (ego), *rāga* (apego), *dveṣa* (odio)

---

* En los *śāstras* (escrituras), *prakṛiti* es explicado de dos maneras:
*Aparā prakṛiti*, que se dice que tiene ocho partes, es la combinación de los cinco grandes elementos, junto con la mente, el intelecto y el ego.
*pañcemāni mahābāho kāraṇāni nibodha me* ।
*sāṁkhye kṛitānte proktāni siddhaye sarvakārmaṇām* ।।
*Bhagavadgītā* XVIII.13
*Parāprakṛiti* es aquella energía del ser que gobierna y contiene todas las actividades y las concepciones del universo.

y *abhiniveṣa* (apego a tu propia concepción). Estas coberturas, que son la causa de tu permanencia en *saṁsāra*, deberán ser eliminadas mediante la práctica de *tattvajñāna*. En esta práctica, debes negar mentalmente todo lo que no es tu propia naturaleza real por medio del pensamiento *neti neti*, "yo no soy esto, yo no soy esto". Entonces, aquí practicas pensando, "Yo no soy el cuerpo físico, yo no soy el cuerpo sutil, yo no soy la mente, yo no soy la esencia vital (*prāṇa*)". Debes negar todos los elementos externos. Y cuando resides por completo en tu propia naturaleza, que es aquello que queda después de que niegas todos los elementos externos, aquel conocimiento, desde su punto de vista, se llama *mokṣa*.

La tradición de los filósofos budistas, conocidos como *vijñānavādines*, acepta que estás liberado solo cuando tu mente está completamente desapegada de todos los apegos a la objetividad, el placer, el dolor y la tristeza. Ellos argumentan que la mente debe permanecer solo como mente, una mente pura y perfecta, porque para ellos la mente es en realidad pura, llena de luz y separada de todas las cosas mundanas. Cuando la mente se apega a las cosas mundanas, tales como pensamientos, placeres y dolores, eres llevado a *saṁsāra*. Y cuando estos apegos son cancelados y la mente se vuelve pura, entonces estás liberado.

Los filósofos de la tradición *vaibhāṣika* sostienen que la liberación se logra mediante la eliminación de la cadena de pensamientos, al igual que se extingue la llama de una lámpara. Cuando una lámpara arde, experimentamos la existencia de la llama. Sin embargo, cuando la llama se extingue, no va a ninguna parte. No va a la tierra o al éter., simplemente desaparece. Y la extinción de la llama tiene lugar cuando se agota el aceite de la lámpara. De la misma manera, cuando un *yogī* ha cruzado todos los placeres y dolores del mundo, los placeres y los dolores no van a ninguna parte, simplemente desaparecen. Este *yogī*, que ha extinguido la llama de la cadena de pensamientos al agotar la cera de los cinco *kleṣas**, entra en la paz suprema y perfecta que es, desde su punto de vista, la liberación.

Desde el punto de vista shaivita, estas tradiciones filosóficas o bien se quedan en *apavedyapralayākala* o en *savedyapralayākala*. No van más allá de estos estados.

*Apavedyapralayākala* es aquel estado de *pralayākala* donde no hay objetividad.

*Savedyapralayākala* es aquel estado de *pralayākala* donde hay cierta impresión de objetividad.

A modo de ejemplo, tomemos el estado de sueño profundo. Cuando te despiertas del sueño profundo y piensas, "Yo estaba durmiendo y yo no sabía nada", ese es el estado de *apavedyapralayākala*. Y cuando te despiertas del estado de sueño profundo y piensas: "Yo estaba durmiendo pacíficamente sin soñar", ese es el estado de *savedyapralayākala*, porque has experimentado que se trataba de un sueño dulce, y la dulzura es para ti el objeto en este estado. La filosofía shaiva no reconoce que las teorías de estas filosofías estén relacionadas con *mokṣa* porque, de hecho, los yogines de estas tradiciones no llegan por encima del estado *pralayākala* y no están, por lo tanto, situados en un *mokṣa* real.

Nuestro Shaivismo explica que *jñāna* (conocimiento) es conocer la propia naturaleza, que es todo Ser (*sat*), toda conciencia (*cit*) y toda dicha (*ānanda*). *Ajñāna* (ignorancia) es ignorar esta naturaleza y esta es la causa de *saṁsāra*, que lo lleva a uno al ciclo de repetidos nacimientos y muertes.

---

* Los *kleṣas*, que literalmente significa "dolores, infortunios", son aflicciones que te engañan y te llevan por mal camino. En la filosofía *Yoga* estas aflicciones son quíntuples: *avidyā* (ignorancia), *asmitā* (ego), *rāga* (apego), *dveṣa* (odio) y *abhiniveṣa* (apego a tu propia concepción).

El Shaivismo de Cachemira explica que la ignorancia (*ajñāna*) es de dos clases: *pauruṣa ajñāna* y *bauddha ajñāna*. *Pauruṣa ajñāna* es ese tipo de ignorancia en la que uno no es conciente de la realización de la propia naturaleza en el *samādhi*. Este tipo de ignorancia es eliminado por la gracia de maestros y meditando en el propio Ser. Cuando esta ignorancia es eliminada, te encuentras en el conocimiento real del Shaivismo, que es todo ser, toda conciencia, toda dicha. Este tipo de conocimiento se denomina *pauruṣa jñāna*. Cuando posees *pauruṣa jñāna*, realizas tu naturaleza del Ser perfectamente.

*Bauddha ajñāna* (ignorancia intelectual) solo se produce cuando eres completamente ignorante de la verdad filosófica de la idea monista del Shaivismo. *Bauddha ajñāna* es eliminada mediante el estudio de los textos shaiva monistas que explican la realidad del Ser. Por lo tanto, estos textos son la causa de que seas llevado desde *bauddha ajñāna* a *bauddha jñāna*.

*Bauddha jñāna* está basado en el pensamiento y se desarrolla a través del intelecto.

*Pauruṣa jñāna*, por otra parte, es práctico y se desarrolla a través de la práctica.

*Pauruṣa jñāna* predomina sobre *bauddha jñāna* porque cuando solo posees *pauruṣa jñāna*, incluso entonces en el sentido real estás liberado. En este caso, sin embargo, la liberación es lograda solo después de dejar tu cuerpo. Cuando, sin embargo, al mismo tiempo, adjuntas *bauddha jñāna* a *pauruṣa jñāna*, lo que significa que, por un lado, practicas en tu propio Ser y, por otro lado, entras en el pensamiento filosófico de los textos shaiva monistas y elevas tu ser intelectual, entonces te conviertes en un *jīvanmukta*, uno que está liberado en vida. No obstante, si solo posees *bauddha jñāna* y no *pauruṣa jñāna*, entonces no alcanzarás la liberación, ya sea mientras vivas en el cuerpo o en el momento de la muerte. *Bauddha jñāna* sin *pauruṣa jñāna* es inútil y no te llevará a ninguna parte. El estudio de los textos solo brilla perfectamente cuando al mismo tiempo hay conocimiento práctico. Sin el conocimiento práctico, el estudio filosófico es inútil. *Bauddha jñāna* solo dará fruto cuando *pauruṣa jñāna* está presente, y no a la inversa.

Si un aspirante está unido solo al conocimiento práctico y no al conocimiento teórico, la creencia de que el único conocimiento auténtico es el conocimiento práctico, que es realizar la propia naturaleza, entonces, desde el punto de vista shaiva está equivocado. Si solo se cultiva *pauruṣa jñāna* y *bauddha jñāna* es totalmente ignorado, entonces hay muchas posibilidades de que *pauruṣa jñāna* disminuya día a día, desvaneciéndose lentamente de modo que, al final, no quede en absoluto. Es la grandeza de *bauddha jñāna* la que, con su poder, establece firmemente *pauruṣa jñāna.* A este respecto, por lo tanto, *bauddha jñāna* es más importante que *pauruṣa jñāna.*

En nuestro Shaivismo, se dice que cuando vas en busca de un maestro para poder ser iniciado, debes buscar en primer lugar aquel maestro que esté lleno de tanto *bauddha jñāna* como de *pauruṣa jñāna.* Al encontrarlo, lo debes considerar un verdadero maestro. Si en este mundo no se encontrara un maestro tal, entonces debes buscar uno que solo esté lleno con *bauddha jñāna.* Es preferible al maestro que está lleno solamente con *pauruṣa jñāna,* porque intelectualmente te llevará poco a poco hasta el punto final. Aquel maestro que reside solo en *pauruṣa jñāna,* en última instancia no tendría éxito en llevarte a aquello que buscas.

# Capítulo quince

## El Shaivismo de Cachemira y el Advaita Vedānta

Aunque el principio fundamental de ambos, el Shaivismo de Cachemira y el Vedānta, es el monismo (*advaita*), el monismo puro, sin embargo, hay muchas diferencias importantes en sus ideas. Por ejemplo, los maestros de Vedānta enseñan que *karma-yoga* significa *yoga* en acción. Ellos creen que se debe practicar *niḥṣkāma karmayoga*, lo que significa que debes realizar todas tus acciones mundanas sin pedir ninguna recompensa. Dicen que, al actuar de esta manera, uno es llevado hacia la existencia del Ser Real, la verdadera naturaleza del Ser. Desde nuestro punto de vista del Shaivismo de Cachemira, sin embargo, *karmayoga* significa otro cosa. No significa llevar a cabo las actividades del mundo. *Yoga* en acción es *yoga* puro y nada más. *Yoga* puro es unidireccionalidad, y esta unidireccionalidad debe ser desarrollada de tres maneras. Debes desarrollar unidireccionalidad en la existencia de tu ser. Esto es unidireccionalidad en el estado de *parā vāk* (habla suprema). También debes desarrollar unidireccionalidad en el estado de *madhyamā vāk* (habla media). Y, por último, debes desarrollar unidireccionalidad en el estado de *vaikharī vāk* (habla inferior), en el estado de habla ordinaria.

En el Shaivismo, comenzamos con el camino central, el camino de *madhyamā vāk*. El Shaivismo de Cachemira explica que *yoga* en acción significa que cuando estás sentado en un autobús, o cuando estás caminando en la carretera, debes guardar silencio. Camina en silencio, siéntate en el autobús en silencio. No hables con nadie. Continúa tu práctica de contemplar al Señor Śiva como ha sido enseñado por tu maestro, sin hablar con nadie. Esta es la forma de empezar. Al comienzo no es posible practicar *yoga* mientras hablas. En el principio, tienes que comenzar en silencio.

Este *yoga* en acción es tremendamente poderoso. Por ejemplo, si continúas tu práctica de contemplación por solo quince minutos al caminar, el beneficio será el mismo que puedes adquirir si practicas contemplación continuamente en tu sala de meditación durante dos o incluso tres años. Esto es porque el *yoga* en acción hace que tu práctica de contemplación sea más firme, sólida y sustancial. Esta es la razón por la que el Shaivismo de Cachemira pone el énfasis en el *yoga* en acción, y no en aquel *yoga* que es inactivo.

En la práctica de *yoga* en acción en *madhyamā vāk*, comienzas con silencio. Y cuando te elevas desde *madhyamā*, te elevas al estado *parā* de *Śiva*. Este estado de *parā*, sin embargo, solo ocurrirá cuando hayas completado tu actividad. Por ejemplo, mientras practicas tu contemplación, caminas quince kilómetros, la mitad para ir y la otra mitad para regresar, después de lo cual vas a casa y te sientas en meditación. En este punto, entrarás automáticamente en el estado *parā* de *yoga* en acción y esto te llevará rápidamente a ese estado del Ser Trascendental. Debes entrar en el estado *parā* de *yoga* en acción automáticamente. No puedes hacer que suceda. Si esto no sucede, entonces tendrás que comenzar de nuevo la práctica de la contemplación en acción. Es por la fuerza del *yoga* en acción que entras en el estado *parā* de *yoga*. Si tu contemplación en la acción es espontánea e ininterrumpida, entonces entrarás automáticamente en el estado *parā* de *yoga*. Si, por el contrario, tu contemplación se interrumpe en cualquier momento durante la práctica, entonces, cuando te sientas a meditar, la contemplación en *parā* no ocurre y tienes que empezar de nuevo. Esto se llama *karmayoga*.

Cuando estás establecido en el *yoga* de la acción en *parā vāk*, luego, después de algún tiempo, tienes que ir de *parā vāk* a *vaikharī vāk*. Practicar *yoga* en acción en *vaikharī vāk* significa que estarás establecido en tu propio ser, mientras hablas, mientras te ríes, mientras realizas todas las acciones del mundo. Este tipo de *yoga* en acción en *vaikharī vāk* no es posible a menos que el *yoga* en acción en *madhyamā vāk* y el *yoga* en acción en *parā vāk* estén completos. El signo de que están completos es que cada vez que practicas *yoga* en acción en *madhyamā vāk* y después te sientas a meditar, entras en *parā vāk*, estás dentro, residiendo en tu propia naturaleza. El establecer el *yoga* en acción en *vaikharī vāk* es la culminación del curso de *yoga* en acción. Aquí, permaneces establecido en tu propio Ser en todas las actividades del mundo. Se dice que el Señor Kṛiṣṇa estaba perfectamente establecido en el *yoga* en acción en *vaikharī*. Él era muy activo, haciendo todo mientras permanecía establecido en su propia naturaleza.

La primera diferencia, por lo tanto, entre el Shaivismo de Cachemira y el Vedānta está en su diferente comprensión de *karmayoga*. Esta diferencia, como has visto, es muy grande, con los vedantinos creyendo que *karmayoga* significa hacer todas las acciones sin pedir la recompensa, y nuestro Shaivismo de Cachemira que enseña que *yoga* en acción significa hacer todas las acciones mientras se mantiene una contemplación ininterrumpida de Dios.

Otra diferencia entre el Shaivismo de Cachemira y el Vedānta se refiere a la existencia del ser individual y el Ser Universal. Los vedantinos explican que el ser individual se manifiesta solo cuando el Ser Universal se refleja en el espejo del intelecto individual. Dicen que el Ser Universal se refleja en el intelecto (*buddhi*), y que el reflejo se convierte en la existencia del ser individual (*jīva*). El Shaivismo de Cachemira, sin embargo, no reconoce esta explicación, y argumenta que no tiene fundamento. Como el Ser Universal es absolutamente puro y perfecto y el ser individual está lleno de imperfecciones (*malas*) y cubierto por velos, no es *buddhi* el que reflejará al Ser Universal, sino más bien, es el Ser universal el que reflejará *buddhi*. Es la realidad más pura y refinada la que reflejará lo que es menos puro y refinado, y no al revés. *Buddhi* no puede contener al Ser Universal. El Shaivismo de Cachemira explica que cuando *Śiva*, por Su pura voluntad, se refleja en el espejo de su libertad (*svātantrya*), esto es la existencia del universo y la existencia del ser individual.

Por otra parte, en la teoría de los vedantinos no se explica claramente cómo podría el Señor Śiva reflejarse en *buddhi*, siendo que el mundo es no existente. ¿Cómo podría existir el intelecto (*buddhi*) antes de la existencia del mundo? Por lo tanto, el ser individual es el reflejo de Señor Śiva en Su *svātantrya śakti*. Esta es la existencia del universo.

La tercer área de diferencia entre el Shaivismo de Cachemira y el Vedānta se refiere a la esencia, la sustancia, la base de este universo. El Vedānta sostiene que este universo es falso, irreal. En realidad, no existe. Es solo la creación de la ilusión (*māyā*). En cuanto a este punto, el Shaivismo de Cachemira argumenta que si el Señor Śiva es real, entonces, ¿cómo podría una sustancia irreal surgir de algo que es real? Si el Señor Śiva es real, entonces Su creación también es real. ¿Por qué habría de decir que el Señor Śiva es real y Su creación es una ilusión (*māyā*)? El Shaivismo de Cachemira explica que la existencia de este universo es tan real como la existencia del Señor Śiva. Como tal, es cierto, verdadero, puro y sólido. No hay nada de él que sea irreal.

La cuarta diferencia importante entre el Shaivismo de Cachemira y el Vedānta es que el Vedānta no reconoce el *kuṇḍalinī yoga*. Los vedantinos dicen que el *kuṇḍalinī yoga* es para aquellos que están hollando el camino inferior del *yoga*. Desde nuestro punto de vista del Shaivismo de Cachemira, sin embargo, el *kuṇḍalinī yoga* es el *yoga* más importante de este sistema. El Shaivismo de Cachemira explica que hay tres caminos de *kuṇḍalinī yoga*: *parā kuṇḍalinī yoga*, *cit kuṇḍalinī yoga* y *prāṇa kuṇḍalinī yoga*. *Parā kuṇḍalinī yoga* es *kuṇḍalinī yoga* supremo. Es activado por el

Señor Śiva con el cuerpo universal, no con el cuerpo individual. *Cit kuṇḍalinī yoga* es *kuṇḍalinī* en la conciencia. *Prāṇa kuṇḍalinī yoga* es *kuṇḍalinī* en el aliento.

La quinta diferencia significativa entre el Shaivismo de Cachemira y el Vedānta se refiere a la cuestión de quién es apto para practicar esta enseñanza monista. El Vedānta sostiene que esta enseñanza solo puede ser practicada por "personas aptas", como los brāhmines con "buenas cualidades". De hecho, *Śaṁkarācārya* sostiene que el Vedānta es solo para *saṁyāsins** y no para los demás. Desde el punto de vista vedántico, a las mujeres y las otras castas no se les permite practicar el sistema vedántico. Este punto de vista, sin embargo, no es reconocido por nuestro Shaivismo de Cachemira. El Shaivismo de Cachemira enseña que este pensamiento monista puede ser practicado por todos, hombre o mujer, sin restricciones de casta, credo o color. De hecho, nuestro Shaivismo nos enseña que este pensamiento puede ser practicado con más provecho por las mujeres que por los hombres†.

El Shaivismo de Cachemira, por lo tanto, es un sistema universal, puro, real y sustancial en todos los aspectos, que puede ser practicado por todos.

---

* Los *saṁyāsins* son ascetas, aquellos que han renunciado a lo relacionado con el mundo y se han dedicado a la meditación y el estudio de los *Āraṇyakas*, las *Upaniṣads*, etc.

† *yoktā saṁvatsarātsiddhir iha puṁsāṁ bhayātmanam* ।
*sā siddhistattvaniṣṭhānāṁ strīṇāṁ dvādaśabhirdinaiḥ* ।।
"Aquel logro que se dice que es alcanzado en un año por la clase masculina (hombres), es alcanzado en doce días por aquellas damas divinas que están establecidas en el verdadero camino del Shaivismo". Citado por Jayaratha en su comentario de *Tantraloka* 1.13.

# Capítulo dieciséis

## Los siete estados de *turya*

La teoría práctica de los siete estados de *turya*, también conocida como los siete estados de *ānanda* (dicha), que ahora voy a explicarte, le fue enseñada al gran filósofo shaivita Abhinavagupta por su maestro Śaṁbhunātha.

Entre los tres estados del cuerpo individual subjetivo, vigilia, sueño y sueño profundo, hay un intervalo. Este intervalo es el punto de unión entre el estado de vigilia y el estado de sueño. También hay un punto de unión entre el estado de sueño y el de sueño profundo sin sueños, y hay una unión entre el sueño profundo y la vigilia. Estas transiciones tienen lugar de forma automática dentro de cada ser humano. Cada vez que pasas de la vigilia al estado de sueño, tocas esa unión y entras en el estado de sueño. Cada vez que pasas desde el estado de sueño al estado de vigilia, primero tocas esa unión y luego abres los ojos y experimentas el estado de vigilia. Esta unión es tocada cada vez que pasas entre cualquiera de los tres estados del cuerpo subjetivo individual. Esta unión es en realidad el cuarto estado, *turya*. Este *turya*, sin embargo, no puede ser experimentado por medio de concentrarse en él, ya que, si miras en esta unión, a la espera de que suceda, nunca sucederá. Te quedarás esperando en el estado de vigilia. Es cuando te quedas dormido y entras en el estado de sueño que lo encontrarás. Y sin embargo, normalmente eres absolutamente inconsciente de la experiencia de esta unión.

La única manera de experimentar esta unión es concentrarse en cualquier centro del corazón mientras respiras, mientras hablas o mientras te mueves por ahí. Debes concentrarte en el centro. Debes observar el centro entre dos movimientos cualesquiera, entre dos respiraciones. Concéntrate en esa unión. Después de algún tiempo, cuando esa concentración esté consolidada, cada vez que vayas a la cama a descansar, entrarás automáticamente en el estado de sueño a través de esa unión. En este caso, sin embargo, no entrarás en el estado de sueño. En su lugar, serás consciente en ese momento, en esa unión. Esta unión es solo una puerta, la entrada a *turya*. Tu conciencia de esta unión se produce solo por la gracia de tu práctica anterior de concentrar tu mente entre dos movimientos o dos respiraciones. Este es el primer estado de *turya*, llamado *nijānanda** que significa "la dicha de tu propio Ser".

En primer lugar, experimenta esa unión practicando en cualquier centro, como el que se encuentra entre dos respiraciones, entre dos movimientos cualesquiera o entre dos pensamientos. Cuando te concentras con continuidad con gran reverencia, con amor, afecto y devoción, entonces tu respiración se vuelve muy fina y sutil. Automáticamente, respiras muy despacio. En ese momento experimentas inestabilidad. Es una especie de estado embriagador. Y si durante la experiencia de este aturdimiento, no destruyes tu alerta en la concentración, el aturdimiento se vuelve firme y estable. Este es el segundo estado de *turya*, conocido como *nirānanda*† que significa "carente de dicha limitada". Aquí no pierdes la conciencia, a pesar de que te sientes en estado de embriaguez. Cuando ese aturdimiento se vuelve estable y es mantenido durante un período más largo de tiempo, el aspirante se queda dormido de inmediato. Sin embargo, en este punto, no entra en el estado de sueño; más bien, entra en ese hueco, esa unión. Se sabe que esta unión es el inicio de *turya*. Al entrar en esta unión, el aspirante entra en otro mundo. No es la vigilia, ni es el estado

---

* *nijānande pramātraṁśamātre hṛidi purā sthitaḥ*
*Tantrāloka* v.44
† *śūnyatāmātraviśrānternirānandaṁ vibhāvayet*
*Tantrāloka* v.44

de sueño, ni tampoco es el sueño profundo, sino un cuarto mundo. Aquí, los órganos de este aspirante no funcionan en absoluto. No experimenta moverse ni tampoco escuchar o ver. Si, con gran esfuerzo, abriera los ojos, sentiría que todavía está sentado en su casa; sin embargo, en realidad no puede mover ninguna parte de su cuerpo y apenas puede mover ligeramente los párpados.

En ese momento, el aspirante oye sonidos horribles y ve formas furiosas. Aquellos aspirantes que se asustan por estas cosas tratan de salir de este estado de inmediato, y después de hacer un gran esfuerzo, salen y están de nuevo en el estado de vigilia. Por otro lado, están aquellos aspirantes que tratan de tolerar estas cosas espantosas y terribles. Por ejemplo, pueden experimentar que toda la casa se ha derrumbado sobre él, o pueden experimentar que hay un fuego ardiendo que va a quemarlo todo, incluso a él. Estas experiencias, si las soporta y tolera, pasarán. Si el aspirante no puede tolerarlas, entonces será echado fuera al estado de vigilia y deberá comenzar de nuevo. El aspirante, con el fin de continuar su viaje, debe tolerar estas experiencias horribles y terribles. Aquí, solo una cosa es predominante y debe ser mantenida, que es la respiración. El aspirante debe inhalar y exhalar con devoción y gran amor hacia su Ser. Esto significa inhalar y exhalar mientras se recita el nombre del Señor, tal como ha sido instruido por su maestro cuando fue iniciado, y a la vez haciendo caso omiso de estos terribles sonidos. En realidad puede pensar que va a morirse, que está perdido. Estos pensamientos son pensamientos erróneos y debe ignorarlos. Cuando el aspirante desea pasar de la individualidad a la universalidad, todas estas experiencias ocurren porque debe librarse de la individualidad. Cuando comienza este movimiento hacia la universalidad, ocurre este tipo de lucha.

Si continúas con tolerancia, respirando y recitando tu *mantra* internamente de acuerdo con las instrucciones de tu maestro, entonces estos sonidos y formas terribles desaparecen, y tirando y empujando tu respiración, comienza a ocurrir el pasaje. Te sientes como si te estuvieras ahogando y que no puedes respirar. Esta experiencia también debes sufrirla y tolerarla. Debes agregar más amor y afecto por tu práctica, porque cuanta más devoción tengas, más ahogamiento experimentarás. Si esto es hecho, a continuación, después de algún tiempo, esta sensación de ahogo pasará. Si, sin embargo, en este punto no intensificas la devoción por tu práctica, entonces vas a salir de este estado y tendrás que volver a empezar. Si esto ocurre, te sentirás un tonto y te darás cuenta de que, al no haber tolerado estas experiencias, te has causado una gran pérdida a ti mismo. Debido a esto, estarás ansioso por empezar de nuevo.

Este estado de sonidos y formas horribles, seguido por la sensación de que te estás ahogando y que tu respiración está a punto de detenerse, se llama *parānanda**, que significa "*ānanda* (dicha )de la respiración". Cuando inhalas y exhalas con gran divinidad, no es respiración corriente. En este caso, tu respiración se vuelve llena de dicha y alegría, a pesar de que estás experimentando formas y sonidos terribles, o la realidad de que tu respiración está a punto de detenerse.

Si mantienes tu práctica de forma continua con intensa devoción, tu respiración se detendrá. Lo que pasa es que los cuatro pasajes se encuentran en el centro de lo que llamamos *lambikā sthāna*, que en castellano se conoce como el "velo del paladar". Este *lambikā sthāna* se encuentra en el lado derecho, cerca de la boca de la garganta. En la respiración normal, dos pasajes están abiertos y dos pasajes están cerrados. Cuando tu respiración está a punto de detenerse, los pasajes de la respiración normal se cierran. Experimentas este síntoma cuando sientes que te estás ahogando y que tu respiración está a punto de detenerse. En este

---

* *prāṇodaye prameye tu parānandaṁ vibhāvayet*
*Tantrāloka* v.45

punto, tu respiración se vuelve centralizada y se mueve alrededor de un punto, al igual que un remolino. El aspirante experimenta que su aliento no sale ni entra. Siente que su respiración se mueve dando vueltas y vueltas, girando en aquel punto que es la unión de los cuatro pasajes. Este estado se llama *brahmānanda**, que significa "aquella dicha que es omnipresente".

En este punto, el *yogī* debe mantener la continuidad de su práctica devocional. Como su respiración se ha detenido y no puede observar su aliento, solo puede recitar *mantras*. Debe poner su mente en su *mantra* y solo en su *mantra*, con gran devoción al Señor Śiva. Si continúa esta práctica con gran devoción, luego, después de algún tiempo, vendrán bostezos o su boca se torcerá, tal como ocurre en el momento de la muerte. Estas etapas son las mismas que tienen lugar cuando la respiración se ha detenido y estás a punto de morir. La gran cantidad de cambios que se producen en su cara son las que tienen lugar en el momento de la muerte. Entonces en la mente de este *yogī* surge el entendimiento de la muerte. Ahora siente que está realmente muriendo. No tiene miedo, lo comprende. Este es el tipo de muerte que se produce cuando muere la individualidad y nace la universalidad. No es una muerte física, es una muerte mental. En este momento, lo único que el *yogī* debe hacer es derramar lágrimas de devoción. Debe orar por la experiencia del "yo" universal. Después de unos momentos, cuando el estado arremolinado del aliento se vuelve muy rápido y cada vez más rápido, debes detener tu respiración de inmediato. No debes tener miedo. Si tu maestro está ahí, él te dirá en ese momento que detengas tu respiración. Cuando la respiración se arremolina, existe la posibilidad de comenzar a respirar de nuevo. En este punto, está a tu alcance detenerte o dejarlo ir. Cuando el torbellino ha llegado a una intensidad extrema, ¡debes detenerte de inmediato!

---

* *samānabhūmimāgatya brahmānandamayo bhavet*
*Tantrāloka* v.47
"Brahmānanda es el equilibrio de la respiración, sin inhalar ni exhalar".

Cuando detienes tu respiración, entonces lo que sucede después es que tu respiración inmediatamente desciende precipitadamente en la vena central. Tu respiración es "sorbida" hacia abajo, y lo que en realidad oyes es el sonido de sorber. La puerta de la vena central (*madhyanāḍī*) se abre de inmediato y tu respiración llega hasta ese lugar llamado *mūlādhāra*, que está cerca del recto. Este estado de *turya* se llama *mahānanda**, que significa "la gran dicha".

Después de *mahānanda*, el aspirante no necesita hacer más esfuerzo. A partir de este punto todo es automático. Hay, sin embargo, una cosa que el aspirante debe observar y con la que debe ser cauteloso, y es que no debe pensar que "ahora todo es automático". Cuanto más piense esto, es más seguro que se mantendrá en el estado de *mahānanda*. Es por esto que los maestros nunca le dicen al aspirante lo que sucederá después de *mahānanda*.

Desde el punto de vista shaiva, desde *mahānanda* en adelante, debes adoptar *bhramavega*†. *Bhramavega* significa "la fuerza de lo desconocido". Aquí tienes que poner tu fuerza de devoción, sin saber qué va a ocurrir después. No puedes utilizar tu *mantra* porque cuando la respiración se ha ido, tu mente también se ha ido, ya que la mente se ha transformado en la formación de la conciencia (*cit*). Aquí, la respiración toma la forma de fuerza (*vega*). Es este *vega* el que perfora y penetra el *mūlādhāra cakra* para que pases a través de él.

Cuando la penetración del *mūlādhāra cakra* está completa, a continuación esta fuerza se eleva de otro modo. Se transforma y

---

* *udānavahnau viśrānto mahānandaṁ vibhāvayan*
*Tantrāloka* v.48
† *tāvadvai bhramavegena mathanaṁ śaktivigrahe* ।
*vedattu prathamotpannā viṅdavaste'tivarcasaḥ* ।।
*Tantrasadbhāva*, citado en *Śiva Sūtra Vimarśinī* II.3

se vuelve llena de dicha, llena de éxtasis y llena de conciencia. Es divina. Sientes lo que en realidad eres. Esta es la elevación de *cit kuṇḍalinī*, que se eleva desde el *mūlādhāra cakra* hasta aquel lugar en la parte superior del cráneo conocido como *brahmarandhra*. Ocupa todo el canal y es como el florecimiento de una flor. Este estado, que es el sexto estado de *turya*, se llama *cidānanda*[*], que significa "la dicha de la conciencia".

Luego esta fuerza presiona el paso del cráneo (*brahmarandhra*,) perforando el cráneo para moverse desde el cuerpo hacia el universo. Esto ocurre de forma automática; no es algo a ser hecho. Y cuando se perfora este *brahmarandhra*, comienzas de inmediato a exhalar. Exhalas una vez por solo un segundo, haciéndolo por la nariz. Después de exhalar, todo ha terminado y estás de nuevo en *cidānanda*, y otra vez experimentas y sientes la alegría de la elevación, que ya estaba presente. Esto dura solo por un momento y luego exhalas de nuevo. Cuando exhalas, tus ojos están abiertos y por un momento sientes que estás fuera. Experimentas el mundo objetivo, pero de una manera peculiar. Una vez más, tu respiración se ha terminado, tus ojos están cerrados y sientes que estás dentro. Entonces otra vez tus ojos están abiertos por un momento, luego se cierran por un momento, y luego otra vez se abren por un momento. Este es el estado de *krama mudrā*, donde la conciencia del "yo" trascendental comienza a ser experimentada como una con la experiencia del mundo objetivo.

El establecimiento de *krama mudrā* se llama *jagadānanda*[†], que significa "dicha universal". Este es el séptimo y último estado

---

* *nirupādhirmahāvyāptirvyānākhyopādhivarjitā* ।
*tadā khalu cidānando yo jaḍānupabṛiṁhitaḥ* ।।
*Tantrāloka* v.49

† *yatra ko'pi vyavacchedo nāsti yadviśvataḥ sphurat* ।।
*yadanāhata-saṁvitti paramāmṛita bṛiṁhitam* ।
*yatrāsti bhāvanādīnāṁ na mukhyā kāpi saṁgatiḥ* ।।
*tadeva jagadānanda* ... ।
*Tantrāloka* v.50-52

de *turya*. En este estado, la experiencia del Ser Universal Trascendental nunca se pierde y todo el universo es experimentado como uno con tu propia Conciencia Trascendental del "yo".

Todos los estados de *turya*, de *nijānanda* a *cidānanda*, comprenden las distintas fases de *nimīlanā samādhi*. *Nimīlanā samādhi* es *samādhi* subjetivo interno. En tu movimiento a través de estos seis estados de *turya*, este *samādhi* es cada vez más firme. Con la aparición de *krama mudrā*, *nimīlanā samādhi* se transforma en *unmīlanā samādhi*, que luego se convierte en predominante. Este es el estado de *samādhi* extrovertido, en el que experimentas el estado de *samādhi* al mismo tiempo que experimentas el mundo objetivo. Y cuando *unmīlanā samādhi* se vuelve fijo y permanente, este es el estado de *jagadānanda*.

En términos del proceso del surgimiento de quince partes, el estado *sakala* es el estado de vigilia.

*Sakala pramātṛi* es el primer estado de *turya*, que es el estado de *nijānanda*.

*Vijñānākala** es el estado de *nirānanda*.

---

* Desde el estado de *vijñānākala*, el proceso de elevación es automático. Aunque puede que haya algo por hacer, ese algo no es ni físico ni mental. Una vez que el aspirante ha alcanzado el estado de *vijñānākala*, nunca caerá. Si, por ejemplo, el aspirante entra una vez al estado de *vijñānākala* entre la vigilia y el sueño, luego durante su vida nunca perderá ese estado. Cada vez que haga su práctica con continuidad y con devoción, entrará en el estado de *vijñānākala*. Esto es porque una vez que ha sido experimentado el estado de *vijñānākala*, deja una impresión permanente. En este punto, no estás en el estado de *pramātṛi*; estás en el estado de *vijñānākala*. *Vijñānākala pramātṛi* es mucho más elevado que el estado de *vijñānākala*. *Vijñānākala pramātṛi* ocurre después de *śuddhavidyā*. La diferencia entre *vijñānākala pramātṛi* y el estado de *vijñānākala* es que el estado de *vijñānākala* es ordinario, mientras que *vijñānākala pramātṛi* es especial y más significativo. Este es también el caso con todos los estados y sus *pramātṛins*. Cuando experimentas un estado sin saberlo, entonces estás en aquello que se llama un "estado". Cuando experimentas cualquier estado a sabiendas, lo que significa que estás activo en ese proceso, eso es el estado de *pramātṛi*. Por ejemplo, cuando entras en *samādhi*, no estás en el estado *pramātṛi* de *samādhi*, más bien estás simplemente en el estado de *samādhi*. En este punto, no tienes control

*Śuddhavidyā* es el estado de *parānanda*.
*Īśvara* es el estado de *brahmānanda*.
*Sadāśiva* es el estado de *mahānanda*.
*Śiva* es el estado de *cidānanda*.
*Parama Śiva* es el estado de *jagadānanda*.

Hay un punto entre el sueño y la vigilia
donde has de estar alerta sin agitación.
Entra al nuevo mundo, en él pasan formas tan horrorosas;
ellas pasan, aguanta, que la escoria no te tome.
Luego, tirar y empujar en la garganta.
Has de tolerar todo esto.
Cierra todo ingreso y egreso,
puede haber bostezos;
derrama lágrimas, suplica, implora, pero no te postrarás.
La emoción pasa y baja hasta el fondo;
vuelve a elevarse, que florezca, eso es Dicha.
¡Bendito Ser! ¡Bendito Ser!
¡Salutaciones para ti!

Swami Lakshmanjoo Brahmachari

---

sobre este estado. Entrarás en este estado de acuerdo con la elección de tu maestro o del Señor Śiva. A veces desearás entrar en este estado y lo harás, y a veces desearás entrar en este estado y sin embargo no podrás hacerlo. Puede decirse que estás en el estado de *pramātṛi* sólo cuando tienes la plena autoridad de ir a ese estado y regresar de él cada vez que deseas hacerlo.

# Capítulo diecisiete

## *Kuṇḍalinī* y su propósito

*Kuṇḍalinī śakti* es la energía reveladora y ocultadora del Señor Śiva. Por un lado es la energía reveladora, y por el otro, es la energía ocultadora. Revela y oculta. Esta *kuṇḍalinī śakti* no es diferente de la existencia del Señor Śiva, al igual que la energía de la luz y la energía de calor no están separadas del fuego mismo. *Kuṇḍalinī*, por lo tanto, en el sentido real, es la existencia de Śiva. Es la vida y la gloria de Śiva. Es el mismo Śiva.

En nuestro Shaivismo Trika, *kuṇḍalinī*, que es aquel poder serpentino interno que existe en forma enroscada, se divide de tres maneras. La *kuṇḍalinī* suprema se llama *parā kuṇḍalinī*. Esta *kuṇḍalinī* no es conocida o experimentada por los yogines. Es tan vasta y universal que el cuerpo no puede existir en su presencia. Solo es experimentada en el momento de la muerte. Es el corazón de Śiva. Todo este universo es creado por *parā kuṇḍalinī*, existe en *parā kuṇḍalinī*, debe su vida a *parā kuṇḍalinī* y se consume en *parā kuṇḍalinī*. Cuando esta *kuṇḍalinī* crea el universo, Śiva oculta Su verdadera naturaleza y se lanza al universo. Cuando el universo es creado, Él se convierte en el universo. No queda Śiva que esté separado del universo. Esta es Su energía creativa. Y cuando *kuṇḍalinī* destruye el universo, se revela la naturaleza de Śiva. Por lo tanto, la energía creativa para el universo es la energía destructiva de Śiva, es decir, es la energía reveladora para el universo y la energía ocultadora para el Señor Śiva. Y la energía destructiva para el universo es la energía creativa para Śiva, es decir, es la energía ocultadora para el universo y la energía reveladora para el Señor Śiva*.

---

* Cuando el Señor Śiva se oculta, Él está en el estado de *Anuttara Śiva*. Cuando

*Parā kuṇḍalinī* es el *visarga* supremo de *Śiva*. Como sabes por el estudio de la teoría del *mātṛikācakra*, *visarga* (:) comprende dos puntos. Se dice que estos puntos son Śiva y Śakti. En el sentido más real, sin embargo, estos puntos no son Śiva y Śakti: son el punto revelador y el punto ocultador.

*Cit kuṇḍalinī* es experimentada por los yogines por medio de la concentración en el centro entre dos respiraciones, pensamientos o acciones, entre la destrucción y la creación de dos cosas cualesquiera. Como has aprendido en tu estudio de los siete estados de *turya*, cuando el *yogin* continuamente mantiene su conciencia concentrada en el centro, entra en esa unión que existe entre todo par de estados del cuerpo subjetivo individual, vigilia, sueño o sueño profundo. Su respiración se vuelve coagulada, luego se detiene y da vueltas alrededor de un punto. A continuación, se mueve en el lado derecho del pasaje de la respiración. Si la conciencia de este *yogin* es mantenida con continuidad, el aliento se transforma de *prāṇa* (respiración) en *prāṇana* (vida) y se precipita hacia abajo a través de la vena central, que está en el lado derecho* del pasaje de la respiración. Se precipita hasta el fondo, hasta el lugar conocido como *mūlādhāra*, que está cerca del recto. Luego, en el *mūlādhāra*, experimentas brevemente una sensación de hormigueo. Es como la experiencia cuando un hombre y una mujer están teniendo relaciones sexuales y está a punto de tener lugar el clímax sexual. En este momento ocurre el comienzo de un placer intenso. Después de la experiencia

Él se revela, se dice que Él está en el estado de *Maheśvara Śiva*.

* Sólo hay una vena a través de la cual pasa la respiración en el ascenso de *kuṇḍalinī*. Cuando la respiración es sorbida hacia abajo, es sorbida en el lado derecho y cuando regresa se encuentra en el centro. La concepción de *iḍā*, *piṅgalā* y *suṣumnā* es una concepción densa. Sólo es descriptiva del curso normal de la respiración. Cuando *iḍā* está presente, entonces respiras más a través de la fosa nasal derecha. Cuando *piṅgalā* está presente, entonces respiras más a través de la fosa nasal izquierda. Cuando *suṣumnā* está presente, entonces respiras por igual a través de ambas fosas nasales. *Iḍā*, *piṅgalā* y *suṣumnā* no tienen nada que ver con *kuṇḍalinī*.

momentánea de esta sensación de hormigueo, se eleva de nuevo en un instante*. Y cuando se eleva, te vuelves pleno de existencia absolutamente dichosa. La felicidad y la dicha que experimentas aquí no puede ser descrita. Es éxtasis más allá del éxtasis, al igual que la felicidad sexual. Al comparar la felicidad sexual con la alegría experimentada en *cit kuṇḍalinī*, sin embargo, notarás que la felicidad sexual es una millonésima parte de la felicidad experimentada en *cit kuṇḍalinī*. Además, simultáneamente con la experiencia del éxtasis, también realizas la realidad del Ser. Reconoces tu naturaleza real y sabes, "Yo soy solo dicha (*ānanda*) y conciencia (*cit*)".

Y cuando sostienes aquella dicha a través de la gracia de tu maestro, entonces la fuerza de *cit kuṇḍalinī* perfora el *bhrūmadhya*, que se encuentra entre las cejas. En ese momento, de repente y de manera abrupta, exhalas. Exhalas y no inhalas, y lo haces solo una vez. Una vez que exhalas, tu respiración se detiene una vez más. Entonces *cit kuṇḍalinī* se eleva desde el *bhrūmadhya* al *brahmarandhra*, que se encuentra en la parte superior del cráneo. Experimentas que el creciente flujo de *cit kuṇḍalinī* llena todo el canal, desde el *mūlādhāra* hasta el *brahmarandhra*. Una vez más, exhalas abruptamente y tus ojos se abren. Esto dura solo un momento y luego estás de nuevo en el interior, sin respirar, experimentando la elevación de *kuṇḍalinī*. Luego otra vez exhalas y tus ojos se abren, y por un momento sientes que el mundo exterior está lleno de éxtasis y dicha. Esto sucede una y otra vez. De pronto estás dentro experimentando la dicha de la elevación de *cit kuṇḍalinī* y al siguiente momento exhalas, tus ojos se abren y experimentas el mundo lleno de éxtasis. Este proceso de salir y permanecer dentro continúa, y cada vez que se produce, se llena con más y más éxtasis. Este proceso se llama *krama mudrā*.

* *sparśo yadvat pipīlikā*.

Cuando estás establecido en el proceso de *krama mudrā*, entonces experimentas ese éxtasis en acción. Cuando comes, te encuentras en esa dicha. Cuando hablas, te encuentras en esa dicha. Cuando caminas, te encuentras en esa dicha. Hagas lo que hagas, permaneces en ese estado Universal. Este es el estado del *jīvanmukti*, liberado en la vida. Este estado no es experimentado por yogines ordinarios, sino solo por grandes yogines. Este es el estado real de *cit kuṇḍalinī*.

En la verdadera elevación de *cit kuṇḍalinī*, solo tendrás un vislumbre de ello y luego saldrás. La elevación completa de *cit kuṇḍalinī* tiene lugar solo por la gracia de tu maestro y por la gracia de tu propia fuerza de conciencia. La experiencia de establecer la elevación completa de *cit kuṇḍalinī* a través del proceso de *krama mudrā* puede tener lugar en un día, en una vida o en cien vidas.

*Prāṇa kuṇḍalinī* también es producida mediante el proceso de centrado. *Prāṇa kuṇḍalinī*, sin embargo, solo es experimentada por aquellos yogines que, junto con su apego a la espiritualidad, también tienen apegos a los placeres mundanos. Si tu deseo y apego es solo por la espiritualidad, entonces tiene lugar *cit kuṇḍalinī*. Depende de tus apegos que experimentes la elevación de *kuṇḍalinī* como *cit kuṇḍalinī* o como *prāṇa kuṇḍalinī*. Si tienes apego por la espiritualidad y también por los placeres del mundo, entonces la elevación de *kuṇḍalinī* ocurre en la forma de *prāṇa kuṇḍalinī*. Si no tienes apego por los placeres del mundo y solo estás apegado a la espiritualidad, la elevación de *kuṇḍalinī* ocurrirá en la forma de *cit kuṇḍalinī*. No hay nada que puedas hacer para determinar cómo tendrá lugar el ascenso de *kuṇḍalinī*. Se eleva a su manera, en función de tus apegos.

Hasta el punto en que tu respiración es sorbida hacia abajo en la vena central precipitándose al *mūlādhāra cakra* y a través de la experiencia momentánea de la sensación de hormigueo, el ascenso de *cit kuṇḍalinī* y el ascenso de *prāṇa kuṇḍalinī* son lo mismo. En el ascenso de *prāṇa kuṇḍalinī*, sin embargo, cuando termina la sensación de hormigueo, luego, en el estado del *mūlādhāra*, hay un *cakra* (rueda)* y este *cakra* comienza a moverse con fuerza a gran velocidad en sentido horario. Al mismo tiempo, el *yogin* también escuchará el sonido de su movimiento.

Después de algún tiempo, esa fuerza se eleva el espacio de doce dedos desde el *mūlādhāra cakra* al *nābhi cakra*, que es el *cakra* del ombligo. Cuando llega al ombligo, entonces el *cakra* del ombligo también comienza a moverse, y sientes que dos ruedas están en movimiento simultáneamente y oyes el sonido de ese movimiento. Aquí, como en *cit kuṇḍalinī*, aflora la intensidad del amor real†. Es tan pleno de amor y éxtasis que, en comparación, la experiencia de la dicha sexual en el apogeo de la relación sexual palidece por completo.

Es importante que sepas que en el proceso de *prāṇa kuṇḍalinī*, no puedes ir más allá del *mūlādhāra cakra* o más allá del *nābhi cakra*. Solo puedes experimentar el *mūlādhāra cakra* y luego salir a la vida ordinaria. Luego, tendrás que recomenzar con tu práctica de centrado. Para la experiencia completa de *prāṇa kuṇḍalinī*, si eres hogareño, casado o no, tienes que dedicar a ello tu vida por completo.

Desde el *nābhi cakra*, la fuerza se eleva al *hṛit cakra*, que es el *cakra* del corazón, y que es experimentado como ubicado justo en el centro entre los dos pectorales. Cuando la fuerza alcanza el *hṛit cakra*, también comienza a moverse y sientes las tres ruedas que giran a gran velocidad, oyes su sonido, e incluso experimentas los

* En algunos *śāstras* se dice que estos *cakras* contienen pétalos de loto. En el Shaivismo estos pétalos no son experimentados ni reconocidos.
† El amor es la materia de la vida. Sin amor no vives. Es como si estuvieras muerto. No estoy hablando de amor sexual, sino de verdadero amor. El amor verdadero reside en *kuṇḍalinī*.

radios que componen sus ruedas. Desde el *hṛit cakra*, la fuerza de la respiración aumenta hasta el *kaṇṭha cakra*, el *cakra* en la boca de la garganta, y este *cakra* también comienza a girar a una velocidad muy alta. Desde el *kaṇṭha cakra*, la fuerza de la respiración llega al *bhrūmadhya cakra*, el *cakra* que se encuentra entre las dos cejas, y también comienza a girar. Con el movimiento del *bhrūmadhya cakra*, hemos llegado al final del proceso de movimiento.

Cuando la fuerza de la respiración se mueve desde el *bhrūmadhya cakra*, elevándose hasta el *sahasrāra cakra*, el *sahasrāra cakra* no comienza a girar. No se mueve; más bien, es perforado por los grandes yogines. Y esta perforación no siempre ocurre. A veces es perforado y a veces no lo es, en función de si tienes o no apego por los placeres mundanos. Esta perforación solo tendrá lugar si no tienes ningún apego por los placeres mundanos. Y cuando perforas este *cakra*, entonces te vuelves completamente pleno de dicha y entras en el proceso de *cit kuṇḍalinī*.

Si no perforas este *cakra* entonces, solo viajarás hasta el *bhrūmadhya cakra*, y desde el *bhrūmadhya cakra*, saldrás y lograrás *aṣṭasiddhiḥ*, los ocho grandes poderes yóguicos. Estos poderes son *aṇimā*, *laghimā*, *mahimā*, *garimā*, *īśitvam*, *vaśitvam*, *prākāmyam* y *kāmāvasayitvam-vyāpti*.

*Aṇimā* es el poder de hacerse invisible.

*Laghimā* es el poder de ser tan ligero que puedes moverte a través del aire.

*Mahimā* es el poder de crear y mantener un cuerpo enorme, como hizo Hanumān.

*Garimā* es la facultad de añadir peso a tu cuerpo para que volverte inamovible.

*Īśitvam* es el poder de tener control sobre el cosmos, por ejemplo, el poder de hacer llover o que el sol brille.

*Vaśitvam* es el poder de hacerte atractivo para que todo el mundo quiera estar contigo.

*Prākāmyam* es el poder de tener control sobre su propio sistema corporal. Te permite crear hambre donde no lo hay, o si tienes hambre, eliminar ese sentimiento.

*Vyāpti* es el octavo poder, el de extenderse por todo el universo. Este poder te permite saber lo que está ocurriendo en cualquier parte del universo.

El peligro inherente a estos poderes radica en el hecho de que cuando los tienes y los usas, luego poco a poco, se te priva de una parte de tu espiritualidad. Esto se debe a que, debido al encanto de estos poderes, te vuelves cada vez más dedicado a los placeres mundanos.

En el Shaivismo de Cachemira hay una segunda forma en que *prāṇa kuṇḍalinī* puede elevarse. Solo por mala suerte, a veces se eleva en reversa. En el ascenso en reversa de *prāṇa kuṇḍalinī*, cuando la respiración es sorbida hacia abajo en la vena central y alcanza el *mūlādhāra cakra*, encontrarás que el *mūlādhāra cakra* no se mueve. En cambio, se mueve el *bhrūmadhya cakra*. De hecho, lo que ha sucedido es que la respiración ha cruzado todos los *cakras*, comenzando por el *mūlādhāra cakra*, y ha alcanzado y penetrado el *bhrūmadhya cakra*, que entonces comienza a moverse. La fuerza de la respiración penetra el *kaṇṭha cakra* y comienza a moverse. Luego la fuerza de la respiración se mueve al corazón, después hasta el ombligo y finalmente alcanza el *mūlādhāra cakra* y todos estos *cakras* están en movimiento. Luego sales. Se ha completado el proceso de la subida en reversa de *kuṇḍalinī*. Este es el proceso incorrecto de *prāṇa kuṇḍalinī*. Se llama *piśācāveśaḥ*, que significa "el trance de los fantasmas"*. Es un proceso inútil y sin valor. Solo ocurre cuando tu maestro no está en buenos términos contigo o está enojado contigo. Él te pone

* *viṣayeṣveva saṁlīnānadho'dhaḥ pātayanyaṇūn* |
*rudrāṇūnyāḥ samāliṅgya ghoratarуo'parāḥ smṛitāḥ* ||
"Estas energías, que son las energías *ghoratarī* de Rudra, llevan al individuo hacia abajo enredándolo cada vez más en el disfrute de los sentidos".
*Mālinī Vijaya Tantra* III.31

en este proceso. En este proceso en reversa no vas a ninguna parte ni logras nada. De hecho, te lleva de lo correcto a lo incorrecto.

# Capítulo dieciocho

## Variaciones en el ascenso de *prāṇa kuṇḍalinī*

Hay variaciones en el ascenso de *prāṇa kuṇḍalinī* desde el *mūlādhāra cakra*, en función de los deseos y anhelos del aspirante. Cuando un *yogin* tiene un intenso anhelo de lograr el reconocimiento del Supremo "yo" a través del *mantra ahaṁ* ("Yo soy"), entonces, a causa de este deseo y anhelo, su respiración se vuelve llena de dicha, alegría y éxtasis. Automáticamente, esta dichosa fuerza de respiración penetra el *mūlādhāra cakra* en la forma de este *mantra*. Él siente al mismo tiempo que es la existencia de, y uno con, este ascenso de *kuṇḍalinī*. Luego esta sensación se mueve y se eleva con la fuerza de penetración de la respiración dichosa del *mūlādhāra cakra* y penetra el *nābhi cakra*, que se encuentra en el ombligo. Desde el ombligo penetra el *hṛit cakra*, que se encuentra en el corazón, y desde el corazón penetra el *kaṇṭha cakra*, que se encuentra en la garganta. Y por último, de la garganta penetra el *bhrūmadhya cakra*, que se encuentra entre las cejas. Este tipo particular de penetración, provocada por la fuerza del *mantra ahaṁ*, "Yo soy", se llama *mantravedha* en nuestro Shaivismo.

Un tipo diferente de elevación tiene lugar cuando un *yogin* quiere elevar a la gente. Este *yogin* posee esta particular intensidad de deseo y siente que está haciendo su práctica en beneficio de la humanidad. No quiere ayudarse a sí mismo, quiere ayudar a los demás. Para él, el ascenso de *prāṇa kuṇḍalinī* comienza con la fuerza dichosa de la respiración tocando el *mūlādhāra cakra*, que entonces comienza a moverse. Al mismo tiempo, la fuerza dichosa de la respiración se transforma en *nāda*. Aquí, *nāda* significa "Yo estoy destinado para la elevación de la humanidad". Literalmente, la palabra *nāda* significa "sonido". Se llama *nāda* porque este *yogin* quiere explicar la Realidad Universal a los demás. Esta sensación de *nāda* continúa mientras *prāṇa kuṇḍalinī* se eleva hasta penetrar el ombligo, el corazón, la garganta, y por último las cejas. Este tipo particular de penetración se llama *nādavedha*.

La siguiente variación en el ascenso de *prāṇa kuṇḍalinī* tiene lugar cuando un *yogin* está apegado al descanso, el confort, la felicidad y la alegría. Solo quiere estar tranquilo. En este caso, cuando la dichosa fuerza de la respiración en forma de *prāṇa kuṇḍalinī* penetra el *mūlādhāra cakra* y luego se eleva hasta penetrar el ombligo, el corazón, la garganta y las cejas, se transforma en una fuente de semen. Él siente que una fuente de semen se eleva desde el *mūlādhāra cakra* hasta el *brahmarandhra* y se extiende por todo su cuerpo. Se levanta con una fuerza tremenda, al igual que una fuente. ¡Cuán alegre y feliz se vuelve! En comparación, el gozo sexual no es nada. Debido a la intensidad de la alegría inherente a este tipo particular de *prāṇa kuṇḍalinī*, de inmediato pierde todo gusto por los placeres mundanos. Este tipo de penetración se llama *binduvedha*.

Otra variación en el ascenso de *prāṇa kuṇḍalinī* tiene lugar cuando un *yogin* tiene el deseo de volverse fuerte y mantener su fuerza. Le gustaría mantenerse en una condición perfecta. Le gustaría ser capaz de enseñar a otros acerca de sus sentimientos internos sin experimentar fatiga. En esta persona, cuando la dichosa fuerza de la respiración penetra el *mūlādhāra cakra* y luego se eleva hasta penetrar el ombligo, el corazón, la garganta y el entrecejo, se eleva en la forma de una hormiga. Esto es porque la dichosa fuerza de la respiración se transforma en energía. Este es el ascenso de la energía en *prāṇa kuṇḍalinī*. Él siente que la energía se está desarrollando y que se está convirtiendo en la personificación de la energía. Este tipo particular de penetración en *prāṇa kuṇḍalinī* se llama *śāktavedha*.

La quinta variación en el ascenso de *prāṇa kuṇḍalinī* tiene lugar cuando un *yogin* tiene la impresión de que la forma y realidad de *kuṇḍalinī* es realmente poder serpentino. Cuando el *yogin* tiene esa impresión, entonces el ascenso de esa dichosa fuerza de la respiración en la forma de *prāṇa kuṇḍalinī* surge en la forma de una cobra. Realmente experimenta que es una cobra que se alza, con su cola quedándose en y tocando el *mūlādhāra cakra* y su cuerpo extendiéndose hasta penetrar todos los *cakras* hacia arriba, incluyendo el *brahmarandhra*. Este tipo de penetración se llama *bhujaṅgavedha*.

La sexta y última variación en el ascenso de *prāṇa kuṇḍalinī* tiene lugar cuando el *yogin* adquiere, en el curso de su práctica, el deseo de iniciar a algunos de sus discípulos en secreto, sin que nadie lo sepa. Para este *yogin*, cuando la dichosa fuerza de la respiración penetra el *mūlādhāra cakra* y se eleva desde el *mūlādhāra cakra* hasta penetrar el ombligo, el corazón, la garganta y las cejas, se eleva en la forma del zumbido de una abeja negra. Experimenta el sonido de una abeja negra y también experimenta una dicha intensa asociada a este ascenso. Este tipo de penetración se llama *bhramaravedha*.

De estas seis variaciones de penetración que tienen lugar en el ascenso de *prāṇa kuṇḍalinī*, apreciaría experimentar solo dos de ellas, *mantravedha* y *binduvedha*. Daría todo por la experiencia de estas dos. Sin embargo, que experimentes un determinado tipo de penetración está fuera de tu alcance, es determinado automáticamente por tus deseos y anhelos más profundos.

# Capítulo diecinueve

## Las escuelas del Shaivismo de Cachemira

El Shaivismo de Cachemira es conocido como el sistema de Trika puro. La palabra *trika* significa "la ciencia triple del hombre y su mundo". En la idea de *trika* hay tres energías: *parā* (suprema), *aparā* (más baja) y *parāparā* (combinación de la más baja y la más alta). Estas tres energías primarias representan las actividades triples del mundo. En el pensamiento del Trika, por lo tanto, se admite que el universo entero y cada acción en el mismo, ya sea espiritual, física o mundana, es existente en estas tres energías.

La filosofía Trika está dirigida a cualquier ser humano sin restricciones de casta, credo o color. Su propósito es permitirte elevarte de la individualidad a la universalidad. El sistema Trika se compone de cuatro subsistemas: el sistema Pratyabhijñā, el sistema Kula, el sistema Krama y el sistema Spanda. Estos cuatro sistemas, que forman el pensamiento único del sistema Trika, todos aceptan y están basados en las mismas escrituras. Estas escrituras, que en Shaivismo se llaman *āgamas*, son los noventa y dos *āgamas* del Shaivismo:

los sesenta y cuatro *Bhairava śāstras* monistas que son supremos (*parā*),
los dieciocho *Rudra śāstras* monodualistas que son medios (*parāparā*),
los diez *Śiva śāstra*s dualistas que son inferiores (*aparā*).

## Sistema Pratyabhijñā

La palabra *pratyabhijñā* significa "de manera espontánea, una vez más reconocer y realizar tu Ser". Aquí solo tienes que darte cuenta, no tienes que practicar. No hay *upāyas* (medios) en el sistema Pratyabhijñā. Simplemente debes reconocer quién eres.

Estés donde estés, tanto si estás en el nivel del Ser Supremo, en el nivel del *yoga* o en ese nivel que es desagradable, puedes reconocer tu propia Naturaleza allí mismo, en ese instante, sin moverte a ninguna parte ni hacer nada. Por ejemplo, tomemos el caso de una pareja de novios. La mujer no ha visto a su futuro esposo y anhela verlo. De él solo ha oído cosas buenas, pero no lo ha conocido en realidad. Supongamos que esta chica y su futuro esposo van por casualidad en la misma peregrinación, cada cual por su lado. Cuando llegan al lugar de peregrinaje, se encuentran. La chica no da ninguna importancia a este hombre, porque no sabe que es su futuro esposo. Sin embargo, este hombre y su futuro esposo son una misma persona. Más tarde, cuando un amigo los presenta, y le dice que este es el hombre que será su esposo, ella se llena de felicidad, placer y éxtasis. Ella se da cuenta de que es el mismo hombre que había visto antes*. De la misma manera, la realidad amanece en el sistema Pratyabhijñā. No importa el nivel en que te encuentres. Al momento en que surge el reconocimiento (*pratyabhijñāna*), no solo instantáneamente te vuelves divino, sino que también te das cuenta de que siempre lo habías sido. En ese momento te das cuenta de que ya eras el Señor, pero no lo sabías porque habías comprendido mal quién eras.

---

* *taistairapyupayācitairupanatastamvyāḥ sthito'pyāntike kānto lokasamāna evamaparijñāto na rantuṁ yatha* |
*lokasyaiṣa tathānavekṣitaguṇaḥ svātmāpi viśveśvaro naivālaṁ nijavaibhavāya tadiyaṁ tatpratyabhijñoditā* ||
*Īśvarapratyabhijñā Kārikā* IV.2.

En la filosofía Pratyabhijñā, es tu maestro quien te dice que tú mismo eres la persona que añoras, y quien te enseña a llegar a la meta en el acto sin necesidad de adoptar ningún medio. Esta enseñanza, por lo tanto, se encuentra principalmente en *anupāya*, que es aquel medio en el que no hay ningún medio. Es el reconocimiento de que no había nada que hacer ni adónde ir. Aquí, no hay práctica, no hay concentración, no hay meditación. Por la gracia de tu maestro lo realizas y estás allí.

El sistema Pratyabhijñā floreció en el comienzo de *Kaliyuga*. A medida que pasó el tiempo, sin embargo, quedó velado debido a la incomprensión. No fue sino hasta finales del siglo VIII de nuestra era que el gran maestro Somānanda reintrodujo el sistema Pratyabhijñā en Cachemira. Utpaladeva fue discípulo de Somānanda, Lakṣmaṇagupta fue su discípulo, y el gran Abhinavagupta fue el suyo.

## Sistema Kula

El sistema Kula te enseña cómo puedes vivir en *caitanya* (Conciencia Universal), la verdadera naturaleza de ti mismo, tanto en el acto ascendente como en el descendente. Mientras te elevas del estado más bajo al más elevado, te das cuenta de tu naturaleza, y mientras desciendes desde el estado más elevado hasta el estado más bajo, también te das cuenta de tu naturaleza. En el sistema Kula no hay interrupción en la realización de tu propia naturaleza, ya sea en el círculo más elevado o en el más bajo. Este sistema, por lo tanto, te enseña cómo puedes vivir en totalidad*. De hecho, la palabra *kula* significa "totalidad".

* Totalidad no significa donde sólo hay conocimiento y no ignorancia, o donde sólo hay ignorancia y no conocimiento. Totalidad es el estado donde coexisten el conocimiento y la ignorancia: cuando hay conocimiento, hay ignorancia y cuando hay ignorancia, hay conocimiento. Tanto el conocimiento y la ignorancia son digeridos en la totalidad; nada es excluido.

En la práctica del sistema Kula, tienes que darte cuenta de la totalidad del universo en una partícula. Toma una partícula de todo lo que existe en este mundo. En aquella partícula debe ser realizada la totalidad del universo entero. La totalidad de la energía se encuentra en una partícula. Todo está lleno de una cosa y una cosa está llena de todas las cosas*.

La diferencia entre el sistema Pratyabhijñā y el sistema Kula es solo que el sistema Pratyabhijñā te enseña a darte cuenta de tu propia naturaleza en un lugar y a existir allí, a residir allí, mientras que el sistema Kula te enseña cómo ascender desde el grado más bajo al grado más alto, y mientras tanto teniendo la experiencia de la naturaleza de tu Ser en el mismo nivel y estado. Śiva, que es realizado en *pṛithvī tattva*, es el mismo nivel, la misma realidad de Śiva que es realizada en *śiva tattva*. Aquí, hay realización completa en todos los actos del mundo.

El sistema Kula fue introducido en Cachemira en el comienzo del siglo V por Śṛīmacchandanātha. Más tarde, en el siglo IX, porque sus enseñanzas habían sido distorsionadas, fue reintroducido por Sumatinātha. En la línea de maestros que siguieron a Sumatinātha, Somanātha fue su discípulo. Śambhunātha fue discípulo de Somanātha, y el gran Abhinavagupta fue discípulo de Śambhunātha.

## Sistema Krama

El sistema Krama no reconoce las formas del sistema Pratyabhijñā o del sistema Kula. En el sistema Krama debes elevarte paso a paso, en una sucesión. Este sistema enseña que la realización paso a paso hace que tu realización sea firme. Como

* *ekaikatrāpi tattve'pi ṣaṭtriṁśattattvarūpatā*
"En un elemento cualquiera, encuentras todos los 36 elementos".

el sistema Krama está interesado en la realización sucesiva, está principalmente interesado en el espacio y el tiempo, porque donde hay sucesión, encuentras la existencia de espacio y tiempo. Tanto en el sistema Pratyabhijñā como en el sistema Kula, estás más allá de espacio y tiempo. En el sistema Krama, es al final y no en su proceso, que estás más allá de tiempo y espacio, ya que también te lleva a ese estado sin tiempo y sin espacio.

El sistema Krama es atribuido principalmente a *śāktopāya* y a las doce *kālīs*. Se dice que las doce *kālīs* son los doce movimientos de cualquier cognición. Por ejemplo, si miras cualquier objeto, como una vasija, la sensación viaja de tu pensamiento hasta el lugar de la vasija y luego regresa de nuevo desde el lugar de la vasija a tu pensamiento, dándote la sensación por la que te das cuenta de esta vasija. No te das cuenta de esta vasija en el lugar de la vasija, te das cuenta de esta vasija en tu mente. Tu percepción se ha movido desde el interior a la vasija, y luego ha regresado de nuevo desde la vasija a tu pensamiento. Estos movimientos están distribuidos en doce formas, como las doce *kālīs* en el sistema Krama.

En el sistema Krama también se describe el ascenso de *prāṇa kuṇḍalinī*, porque en *prāṇa kuṇḍalinī* asciendes de un *cakra* a otro, de un estado a otro estado. Como este es un proceso sucesivo, se encuentra en el sistema Krama.

Aunque el sistema Krama existía en el comienzo de *Kaliyuga*, después de haber sido introducido por el sabio Durvāsā, fue reintroducido al final del siglo VII en Cachemira por el sabio Erakanātha, quien también era conocido como Śivānandanātha. Śivānandanātha solo tuvo tres discípulos principales, a los que inició en el sistema Krama. Debido a que en este sistema se da predominio únicamente a *śakti**, las tres eran mujeres. Sus

* En este sistema encontrarás *Tantras* en los que Pārvati inicia a Śiva, y Śiva se vuelve el discípulo.

nombres eran Keyūravatī, Madanikā y Kalyāṇikā. Fueron muy importantes y estaban completamente formadas en el sistema Krama. Posteriormente, estas mujeres también iniciaron discípulos, que fueron tanto hombres como mujeres.

## Sistema Spanda

El cuarto sistema que comprende la filosofía Trika se llama sistema Spanda. La palabra *Spanda* significa "movimiento". La escuela Spanda reconoce que nada puede existir sin movimiento. Donde hay movimiento hay vida, y donde no hay movimiento, aquello no tiene vida. Se percatan de que hay movimiento en la vigilia, en el sueño, en el sueño profundo y en *turya*. Aunque algunos pensadores sostienen que no hay movimiento en el sueño profundo, los filósofos del sistema Spanda sostienen que nada puede existir sin movimiento.

Las enseñanzas del sistema Spanda, que es un sistema práctico importante, se encuentran plasmadas en el *Vijñāna Bhairava Tantra*, en el *Svacchanda Tantra* y en el sexto capítulo del *Tantrāloka*.

El sistema Spanda fue introducido en Cachemira por el gran sabio Vasuguptanātha en el comienzo del siglo VIII. Vasuguptanātha es el autor de los *Śiva Sūtras* y de las *Spanda Kārikās**. Kallaṭa fue discípulo de Vasuguptanātha.

---

* Algunos maestros piensan que las *Spanda Kārikās* no fueron compuestas por Vasuguptanātha sino por su discípulo Kallaṭa. Esta teoría es absolutamente incorrecta.

## Índice de palabras

bhuvanādhva 11, 12
bimba 30, 31
bindu 20
binduvedha 126, 127
brahmānanda 111, 115
brahmarandhra 113, 119, 126, 127
bruve vacaḥ 44
buddhi 23, 103, 104
budhāvasthā 74

C

caitanya 131
cakra 112, 113, 120, 121, 122, 123, 125, 126, 127, 133
cakrodaya 36
cakṣu 2, 4, 5, 23
causalidad 31
cidānanda 113, 114, 115
cielo 68
cinco bocas 87, 88, 89, 90
cinco elementos densos 30
cinco grandes energías 87
cit 16, 17, 18, 19, 21, 22, 23, 87, 97, 104, 112, 113, 119, 120, 121, 122
cit kuṇḍalinī 104, 113, 119, 120, 121, 122
cit śakti 16, 17, 18, 19, 21, 22, 23, 87
cittapralayaḥ 27
cittasaṁbodhaḥ 28
cittaviśrāntiḥ 28
concentración 28, 36, 37, 38, 39, 40, 44, 45, 83, 108, 118, 131
Conciencia de Dios 30, 31, 32, 79
conciencia objetiva 73, 78
conciencia subjetiva 58, 71, 72, 73, 74, 75, 77, 78, 80, 81, 84
Conciencia Suprema 29, 32, 74
Conciencia universal de Dios v
conciente 35, 98
consonante 27
creación 12, 13, 15, 18, 27, 48, 87, 89, 92, 104, 118
creatividad 2, 8, 24
creativo 2, 26, 65
cuarto estado 52, 71, 72, 74, 76, 78, 81, 107
cuerpo sutil 96

D

dantoṣṭham 26
deseo xi, 17, 45, 49, 66, 68, 69, 70, 120, 125, 126, 127, 145, 147
destrucción 84, 87, 118
devanāgarī 20
devatā 67
devoción 108, 109, 110, 111, 112, 114, 145
dhyāna 36, 37, 38, 67
dicha 17, 18, 19, 20, 52, 53, 54, 68, 78, 82, 87, 95, 97, 98, 107, 108, 110, 111, 112, 113, 119, 120, 121, 122, 125, 127
dieciocho brazos 87
discípulo xiii, 34, 67, 68, 69, 85, 86, 89, 90, 92, 93, 131, 132, 133, 134
dualidad 9, 38, 48, 60, 63
Durvāsā 86, 90, 91, 133
dvaita 88
dveṣa 95, 97

E

efecto 30, 31, 66, 67, 68, 69
ego 2, 5, 6, 23, 65, 95, 97
elemento del ego 6
encarnación 11
energía de la acción 16, 19, 20
energía de la conciencia 16, 17
energía de la dicha 17
energía de la voluntad 15, 16, 17, 19
energía del conocimiento 16, 17, 19, 35

energía suprema 80
enroscada 117
Erakanātha 133
esclavitud 95
escrituras xv, 67, 95, 129
esfuerzo 109, 112
espiritual iv, xi, xiii, 66, 129, 145
espontánea 66, 102, 130
estado de sueño 72, 74, 75, 76, 77, 78, 79, 80, 83, 97, 107, 108
esto-idad 3, 54, 63
éter 1, 3, 4, 21, 29, 90, 91, 96
exhalación 36
existencia 12, 17, 18, 20, 27, 57, 63, 66, 68, 81, 83, 88, 96, 101, 103, 104, 117, 119, 125, 133
expansión 9, 24, 27, 30, 53, 91
éxtasis 113, 119, 120, 121, 125, 130
exterior 16, 30, 119
externo 15, 79
extrovertido 114

**F**
fantasmas 123
felicidad 119, 126, 130
fuego 1, 3, 16, 21, 29, 109, 117

**G**
gandha 1, 3, 22
Gandha tanmātra 3
Ganges 92
garimā 122
gatāgatam 75
gracia 8, 11, 33, 34, 35, 44, 65, 66, 67, 68, 69, 70, 72, 76, 87, 98, 108, 119, 120, 131, 145
gracia suprema 66
gramática x, 24, 26, 27
guru 66
gusto 1, 2, 3, 5, 22, 23, 29, 126

**H**
habla vii, 2, 4, 5, 22, 41, 43, 44, 45, 89, 101
hambre 123
Hanumān 122
hogareño 121
hṛidaya 38
hṛit cakra 121, 122, 125
humano 107, 129

**I**
icchā śakti 15, 16, 17, 19, 21, 22, 23, 34, 39, 87
icchopāya 34, 39
Iḍā 118
idaṁ-ahaṁ 24
idaṁ-idaṁ 24, 53, 54
idea 18, 59, 77, 78, 98, 129
ignorancia 8, 48, 52, 95, 97, 98, 131
ilimitado 24, 82
iluminación 66, 68, 79
iluminado xi, 66, 72, 74, 90
ilusión 2, 9, 104
imaginación 83, 89
impresión x, 3, 7, 8, 9, 77, 78, 97, 114, 127
impurezas vii, 47, 49
inconsciente 58, 71, 77, 107
independiente 30, 31, 52, 65
India iv, 91, 92, 93, 95, 145
individualidad 2, 8, 51, 55, 61, 67, 75, 76, 109, 111, 129
intelecto 2, 5, 6, 23, 95, 98, 103, 104
irreal 9, 53, 95, 104
īśāna 87, 88
Ishiber 7
īśitvam 122
īśvara tattva 9, 15, 57

**J**
jagadānanda 113, 114, 115

manana 52
manas 2, 5, 23
manda madhya 69
manda manda 69
manda tīvra 69
manonmanam 82
mantra 26, 27, 37, 40, 52, 53, 54, 55, 57, 58, 59, 60, 61, 62, 67, 68, 109, 111, 112, 125
mantrādhva 13
mantra maheśvara 53, 55, 58, 60, 61, 62
mantra maheśvara pramātṛi 58, 60, 61, 62
mantra maheśvara śakti 55
mantra pramātā 57
mantra pramātṛi śakti 54
mantrasiddhiḥ 67
mantravedha 125, 127
mantreśvara pramātṛi 53, 54, 57, 59, 60, 61, 62
manuṣya 86
mātṛikācakra 26, 27, 33, 118
māyā 2, 6, 8, 12, 15, 23, 47, 57, 59, 62, 104
māyā śakti 47
māyā tattva 8, 12, 15, 57
māyīya mala 48, 49, 52, 57
meditación 37, 92, 102, 105, 131
mokṣa 95, 96, 97
monismo 39, 88, 101
monodualidad 38
movimiento 9, 19, 45, 86, 89, 109, 114, 121, 122, 123, 134
muerte 68, 73, 98, 111, 117
mujer 91, 105, 118, 130
mūlādhāra 112, 113, 118, 119, 120, 121, 123, 125, 126, 127
mundano 29, 30, 83
mundanos 68, 69, 70, 91, 120, 122, 123, 126
música 8

**N**
nābhi cakra 121, 125
nādavedha 126
nakiñcidjño'smi 76
naraḥ 28
Narasiṁhagupta 93
nariz 2, 4, 25, 26, 29, 113
nāsikā 25
neti neti 96
niḥṣkāma karmayoga 101
nijānanda 108, 114
nimīlanā samādhi 114
nimittakāraṇa 30, 31
nirānanda 108, 114
nirmāṇa 84
nirvikalpa 41, 42
Nishat 7
nivṛtti kalā 12
niyati 2, 7, 23, 24
niyati tattva 7

**O**
objetividad 2, 6, 7, 8, 24, 51, 58, 60, 61, 71, 72, 73, 74, 75, 76, 78, 79, 80, 81, 84, 96, 97
objeto 13, 30, 31, 41, 51, 58, 60, 61, 62, 71, 73, 75, 76, 81, 97, 133
observador 13, 51, 52, 53, 54, 58, 60, 62, 63
odio 95, 97
oído xiv, 2, 29, 37, 130
ojos 107, 109, 113, 119
olfato 1, 2, 3, 4, 22, 23, 29
órgano de acción 4, 5, 22
órgano de cognición 5
órgano de excreción 22
órgano del habla 4, 22
órganos internos 2, 5

**P**
pāda 2, 4, 22
padastham 79

## El autor: Swami Lakshmanjoo

Swami Lakshmanjoo nació en Srinagar, Cachemira, el 9 de mayo de 1907. Fue el último y el más grande de los santos y maestros de la tradición del Shaivismo de Cachemira. Tenía un profundo conocimiento de la filosofía y las prácticas del Shaivismo de Cachemira. Era como un joya espléndida e infrecuente. Pasó toda su vida, desde que era un niño pequeño, estudiando y practicando las enseñanzas de esta tradición, y al hacerlo, debido a su poder intelectual y a la fuerza de su conciencia, realizó tanto espiritual como intelectualmente la Realidad de su pensamiento.

Nacido con memoria fotográfica, para él aprender siempre fue fácil. Además de completar el conocimiento del Shaivismo de Cachemira, tenía un amplio conocimiento de los textos religiosos y filosóficos tradicionales de India. Cuando traducía o enseñaba, libremente hacía referencias a otros textos para aclarar, ampliar y fundamentar su enseñanza. Podía citar un texto con solo recordar las primeras palabras del verso. Con el tiempo, se propagó su reputación como filósofo y adepto espiritual. Líderes espirituales y académicos viajaron de todas partes del mundo para recibir su bendición y hacerle preguntas acerca de diversos aspectos de la filosofía del Shaivismo de Cachemira. Ganó fama como un devoto del Señor Śiva y como un maestro de la tradición no dual del Shaivismo de Cachemira.

A lo largo de su vida, Swami Lakshmanjoo enseñó a sus discípulos y devotos las formas de devoción y conocimiento. Evitaba la fama y el reconocimiento y no buscó su propia gloria. Sabía que el Shaivismo de Cachemira era una joya de lo más preciada y que por la gracia de Dios, aquellos que desearan aprenderlo serían atraídos a él. Su deseo más sincero era que fuera preservado y puesto a disposición para todos los que desearan conocerlo.

El 27 de septiembre de 1991, Swami Lakshmanjoo alcanzó la gran liberación y dejó su cuerpo físico.

## Lakshmanjoo Academy

Las enseñanzas de Swami Lakshmanjoo son una respuesta a la necesidad urgente de nuestro tiempo: la transformación de la conciencia y la evolución de una humanidad más iluminada.

La Universal Shaiva Fellowship y su rama educativa, Lakshmanjoo Academy, una organización sin fines de lucro, fueron establecidas bajo la inspiración directa de Swamiji, con el fin de llevar a cabo la visión de Swamiji de poner el Shaivismo de Cachemira a disposición de todo el mundo. Era el deseo de Swamiji que sus enseñanzas estuvieran disponibles sin restricciones de casta, credo y color. La Universal Shaiva Fellowship y Lakshmanjoo Academy han preservado las enseñanzas originales de Swamiji y progresivamente están haciendo estas enseñanzas disponibles en formato de libros, audio y video.

Este conocimiento es extremadamente valioso y estimulante para todo el género humano. En momentos de incertidumbre, ofrece a la humanidad una visión clara y certera. Nos muestra el camino a casa y nos da los medios para su logro.

Para obtener información sobre Shaivismo de Cachemira o para apoyar el trabajo de Universal Shaiva Fellowship y Lakshmanjoo Academy y su profunda labor consciente, visite el sitio web de Lakshmanjoo Academy o escriba a

info@lakshmanjooacademy.org.
www.lakshmanjooacademy.org

## Instructions to download audio files

1. Open this link to download the free audio . . .
   https://www.universalshaivafellowship.org/Secret

   It will **direct** you to “**Kashmir Shaivism, The Secret Supreme - Audio**”.

2. Select “**Add to basket** " which will send you to the next page.

3. Copy "**Secret**" into the “**Add Gift Certificate or Coupon”** box

4. Click “**Checkout**” and fill in your details to process the free downloads.

If you have any difficulties please contact us at:
www.LakshmanjooAcademy.org/contact

Milton Keynes UK
Ingram Content Group UK Ltd.
UKHW021803121224
3627UKWH00029B/339

9 780996 636582